Buch
Die Arbeitsmarktprognosen für die neunziger Jahre sind besorgniserregend. Zahlreiche Arbeitslose sind auf der Suche nach einem Arbeitsplatz; Langzeitarbeitslose suchen nach Umschulungs- und Fortbildungsmöglichkeiten, um ihre Chancen zu verbessern. Doch auch für die in sicheren Stellungen Beschäftigten werden die Anforderungen immer höher – Weiterbildung und Qualifikation sind die zentralen Ansprüche. Und für den, der beruflich mehr Erfolg haben will, sind weiterbildende Maßnahmen seit jeher unerläßlich. Dieser praktische Ratgeber antwortet präzise und umfassend auf alle wichtigen Fragestellungen zu diesem Thema. Außerdem gibt ein ausführlicher Adressenteil über die wichtigsten Anlaufstellen Auskunft.

Autorin
Antje-Susan Pukke holte auf dem 2. Bildungsweg ihr Abitur nach, studierte gleichzeitig an der Münchner Hochschule für Politik und ist heute Diplom-Politologin. Sie arbeitet als freie Journalistin in München für den Bayerischen Rundfunk mit Schwerpunkt Innen-, Sozial- und Familienpolitik. Seit dem Wintersemester 1989/90 ist sie außerdem Lehrbeauftragte an der Münchener Ludwig-Maximilian-Universität.
Von der Autorin liegen bereits zahlreiche Veröffentlichungen zum Thema Bildung und Beruf vor.

Im selben Programmzeitraum erscheint von Antje-Susan Pukke:
Miteinander zu mehr Erfolg
(FrauenRatgeber 13682/April 1993)

Von der Autorin ist bereits im Goldmann Verlag erschienen:
Fortbildung und Umschulung –
Mehr Chancen auf dem Arbeitsmarkt (13643)

Antje-Susan Pukke

Fortbildung – Weiterbildung – Umschulung

Mehr Chancen auf dem Arbeitsmarkt.
Ein Ratgeber für alle Bundesländer.

Goldmann Verlag

Originalausgabe

Umwelthinweis:
Alle bedruckten Materialien dieses Taschenbuches
sind chlorfrei und umweltfreundlich.
Das Papier enthält Recycling-Anteile.

Der Goldmann Verlag
ist ein Unternehmen der Verlagsgruppe Bertelsmann

Made in Germany · 1. Auflage · 2/93
© 1993 by Wilhelm Goldmann Verlag, München
Umschlaggestaltung: Design Team München
Umschlagfoto: Design Team München
Satz: IBV Satz- und Datentechnik GmbH, Berlin
Druck: Elsnerdruck, Berlin
Verlagsnummer: 13672
Redaktion: Ilse Wagner/SD
Herstellung: Heidrun Nawrot
ISBN 3-442-13672-5

Inhalt

Vorwort 9
Weiterbildung – warum? 12
Was Sie grundsätzlich beachten sollten 15

I. Was sich am Bildungssystem ändert – Ein Überblick für die Bürger in den neuen Bundesländern
   1. Allgemeines 18
   2. Änderungen im Schulsystem 19
      a) Allgemeinbildende Schulen 19
      b) Berufliche Schulen 20
   3. Änderungen an Universitäten, Fachhochschulen und Gesamthochschulen 20
   4. Privatschulen 21
   5. Vergleichbarkeit von Schulabschlüssen 23
   6. Das Berufsbildungssystem 26
   7. Anerkennung von Berufsabschlüssen 29
   8. Leistungsnachweise 31

II. Fortbildung oder Umschulung
   1. Ausbildung – Fortbildung – Weiterbildung – Umschulung: Definitionen 34
   2. Allgemeines (mit Checkliste) 35
   3. Wo werden Arbeitskräfte zunehmend gebraucht bzw. wo nicht? (mit Checkliste) 37
   4. Wo besteht allgemeiner Nachholbedarf? 40

III. Wer informiert über die Arbeitsmarktsituation und über Fortbildungs- und Umschulungsmöglichkeiten?

1. Allgemeines 42
2. Informationsveranstaltungen 43
3. Arbeitsämter 43
4. Berufsinformationszentren 45
5. Fachvermittlungsdienste des Arbeitsamtes 46
6. Arbeitgeberverbände 47
7. Gewerkschaften 49

IV. Wer bildet weiter?

1. Betriebliche Weiterbildung 54
2. Wirtschafts- und Berufsverbände, Arbeitgeberverbände 55
3. Gewerkschaften 58
4. Volkshochschulen 60
5. Industrie- und Handelskammern/ Handwerkskammern 62
6. Private Anbieter 64
   a) Privatschulen 64
   b) Managementinstitute 66

V. Wo finden Sie ein bestimmtes Weiterbildungsangebot?

1. Einrichtungen zur beruflichen Bildung 70
2. Weiterbildungs- und Informations-System (WIS) . 71
3. »KURS« (Weiterbildungsdatenbank des Arbeitsamtes) 73
4. Anzeigen 74
5. Weiterbildung an Hochschulen 76

VI. Wie unterscheiden Sie ein gutes von einem schlechten Angebot?

1. Allgemeines 77
2. Die Aktion Bildungsinformation (ABI) 84

3. Verbraucherzentralen 85
4. Der »Wuppertaler Kreis« 86
5. Was tun, wenn das Institut die Teilnehmer aussucht? 88
6. Checkliste Qualitätsmerkmale 90

VII. Spezielle Form der Fortbildung – Fernunterricht
1. Allgemeines 93
2. Wie finden Sie das richtige Angebot? 94
3. Vor- und Nachteile von Fernunterricht 95
4. Telekolleg 97
5. Fernuniversität Hagen 99
6. AKAD 102

VIII. Spezielle Weiterbildungsmöglichkeiten
1. EDV-Kurse 105
2. Berufe im Umweltschutz 107
3. Sprachkurse und Auslandsaufenthalte 110
   a) Allgemeine Sprachkurse 111
   b) Besondere Sprachkurse 113
   c) Sprachreisen 115
4. Zweiter Bildungsweg 117
5. Weiterbildung: Männersache? Tips für Frauen .. 123

IX. Wer fördert Auslandsaufenthalte?
1. Deutscher Akademischer Austauschdienst ... 130
2. Carl-Duisberg-Gesellschaft 133
3. Andere Angebote 135
4. Europäische Gemeinschaft 136

X. Wer hilft bei der Finanzierung der Weiterbildung?
1. Arbeitsämter 141
2. Finanzämter 143

3. Bundesausbildungsförderungsgesetz (BAFöG) . . 146
4. Berufsförderungsdienste der Bundeswehr 149
5. Begabtenförderung Berufliche Bildung 151
6. Begabtenförderungswerke 152
7. Bildungsurlaub 155
8. Stiftungen 156

Adressen 158

Vorwort

Vielleicht sind Sie arbeitslos, vielleicht droht Ihnen die Arbeitslosigkeit, oder vielleicht merken Sie einfach nur, daß Sie mit den Neuerungen im Betrieb, mit den veränderten Arbeitsbedingungen nicht zurechtkommen. Vielleicht setzen Sie gerade an zum Sprung nach oben auf der Karriereleiter – Ihre Chancen im Wettbewerb auf dem Arbeitsmarkt steigen auf alle Fälle, wenn Sie mehr können als andere.
Vielleicht haben Sie bereits einen Vorteil, wenn Sie nur einen Schreibmaschinen- oder einen Computerkurs besuchen oder an einem Kurs teilnehmen, der Ihnen den neuesten Stand der Elektrotechnik nahebringt. Sinnvoll ist es sicherlich auch, eine oder gar mehrere Fremdsprachen zu beherrschen, die im zusammenwachsenden Europa immer wichtiger werden. Es könnte aber unter Umständen sein, daß Sie in den sauren Apfel beißen und eine Umschulung machen müssen, weil Ihre frühere Tätigkeit auf dem Arbeitsmarkt nicht mehr gefragt ist.
Egal, in welcher Situation Sie sich gerade befinden – vielleicht sind Sie noch unschlüssig, was Sie tun wollen, vielleicht haben Sie sich bereits für eine bestimmte Art der Fort- und Weiterbildung entschieden –, auf alle Fälle ist die Suche nach dem richtigen Kurs nicht einfach. Zum einen gibt es eine unübersehbare Anzahl von Anbietern und verschiedensten Angeboten, zum anderen hält nicht jedes Institut das, was es verspricht. So hat zum Beispiel Anfang 1992 die Bundesanstalt für Arbeit bei einer unangemeldeten Prüfung von 94 Weiterbildungseinrichtungen, die sie über die Teilnehmergebühren mitfinanziert, nur

bei einem Drittel keine oder nur geringfügige Mängel festgestellt. Gravierende Mängel wie unzureichende räumliche und technische Ausstattung, mangelhafte Qualifikation der Lehrkräfte, häufiger Unterrichtsausfall, fehlende Leistungskontrollen, fehlende Unterrichtsmaterialien und Nichtrealisierung vorgeschriebener Praktika dagegen wurden bei 54 Instituten festgestellt. Acht Lehrgänge mußten abgebrochen werden, weil die Summe der Mängel zu groß war. Repräsentativ sind diese Zahlen zwar nicht, hatten doch die Mitarbeiter der Bundesanstalt zunächst einmal solche Bildungseinrichtungen besucht, über die sich die Teilnehmer beschwert hatten. Sie zeigen aber, daß sich sogar unter den vom Arbeitsamt geförderten Anbietern oft so manches schwarze Schaf befindet.

Damit Sie sich gar nicht erst beschweren müssen, damit Ihr Kursbesuch von vornherein bereits durch Ihre richtige Auswahl Erfolgsaussichten hat, möchte Ihnen dieser Ratgeber Hilfestellung dabei geben, in welchen Bereichen Fort- und Weiterbildung sinnvoll ist, wie und wo Sie das richtige Angebot finden, was Sie beachten müssen, um an ein seriöses Institut zu geraten, wer Ihnen vor Ort bei der Suche nach dem für Sie idealen Kurs weiterhilft, und welche Förderungsmöglichkeiten es gibt.

Was dieser Ratgeber sicher nicht kann: Ihnen eine Übersicht und eine Bewertung über *alle* vorhandenen Angebote, vor allem über die zahlreichen privaten Angebote, geben. Er kann Sie aber bei der Suche nach dem, was für Sie richtig ist, unterstützen.

Info für neue Bundesländer:

Für die Leser und Leserinnen in den neuen Ländern gilt: Zwar ist das meiste im Bereich der beruflichen Bildung inzwischen geregelt, so zum größten Teil die Anerkennung der Schul- und Berufsabschlüsse. Bedenken Sie bei der Lektüre dieses Ratgebers aber bitte, daß sich auf dem Weiterbildungsmarkt noch so einiges »im Fluß« befindet und daß Sie sich vor allem bei der Frage nach der Anerkennung von Schul- und Berufsabschlüssen immer vor Ort bei Ihrem Arbeitsamt oder bei der von Ihnen gewünschten Fortbildungs- oder Umschulungseinrichtung, an der Schule oder an der Universität, bei Industrie- und Handelskammern und bei Handwerkskammern nach dem aktuellen Stand erkundigen müssen.

Was Telefonnummern und Anschriften wichtiger Weiterbildungseinrichtungen in den neuen Ländern betrifft: Hier ändert sich derzeit aufgrund der Modernisierung des Telefonnetzes und aufgrund von Umzügen vieles so rasch, daß es nicht sinnvoll erscheint, unbedingt, wie in der Erstauflage geschehen, Adressen anzuführen. Die Erfahrung zeigte bereits beim ersten Buch, daß das, was bei Manuskriptabgabe noch stimmt, bei Drucklegung schon nicht mehr aktuell ist. Nach dem neuesten Stand erkundigen Sie sich bitte bei Ihrer Telefonauskunft oder bei der Dachorganisation der Einrichtung, die Sie interessiert.

Weiterbildung – warum?

»Was Hänschen nicht lernt, lernt Hans nimmermehr« – ein längst überlebtes Sprichwort. Klar ist: Die Zeiträume, in denen Wissen veraltet, werden immer kürzer. Das, was früher einmal galt, nämlich daß der einmal erlernte Beruf auch derjenige war, den man in seiner Form so weiterhin beibehielt, hat schon lange keine Gültigkeit mehr. »Die Weiterbildung wird in Zukunft noch stärker an Bedeutung gewinnen. Sie wird zu einem gleichwertigen vierten Bildungsbereich.« Zu diesem Ergebnis kam auch die Enquetekommission »Bildung 2000«, eine Expertenkommission, die sich im Auftrag des Bundestages mit den wichtigsten Bildungsfragen beschäftigte. Das Schlagwort der Zukunft heißt also »Lebenslanges Lernen«. Warum dies notwendig ist, liegt auf der Hand: Die Geschwindigkeit des technischen Wandels nimmt immer stärker zu – man denke nur an die ständigen Erneuerungen im Datenverarbeitungsbereich –, gleichzeitig wächst die internationale Verflechtung der Wirtschaft.

Bloßes Faktenwissen und manuelle Fähigkeiten reichen da nicht mehr aus – auch wenn Fachwissen durchaus gefragt ist. Was dazukommen muß, um auf dem Arbeitsmarkt zu bestehen, ist fachlich übergreifendes Können, sogenannte »Schlüsselqualifikationen«, also solche Fähigkeiten und Fertigkeiten, die sich nicht nur auf einzelne Arbeitsfunktionen beziehen, sondern längerfristig Gültigkeit besitzen. Dazu gehört unter anderem die Bereitschaft und die Fähigkeit, flexibel zu reagieren und bei der Suche nach Lösungen neue Wege zu gehen –

also die Fähigkeit, sich ständig auf neue Situationen einzustellen.

Dazu gehört aber auch die Bereitschaft zur Mobilität, der Wille, auch einmal über den eigenen Zaun zu schauen, was gerade im Hinblick auf die bereits angesprochene, immer stärker werdende Internationalisierung der Märkte – ein Stichwort ist hier auch der Europäische Binnenmarkt – immer wichtiger wird.

Schon heute fehlen überall Fach- und Führungskräfte. »Karrierechancen wie noch nie« hat eine Untersuchung der Zeitschrift »Management Wissen« und der Zentralstelle für Arbeitsvermittlung in Frankfurt (ZAV) ergeben. Die Voraussetzung aber für den beruflichen Aufstieg: die entsprechende Qualifikation – und die ist oft ohne Fort- und Weiterbildung nicht zu erreichen.

Weiterbildung ist nicht nur Sache der Arbeitnehmer selbst, vor allem was die Finanzierung betrifft. Konkurrenzfähig wollen schließlich auch die Unternehmen bleiben, und so investieren sie kräftig nicht nur in den neuen, sondern auch in den alten Ländern in die Weiterbildung ihrer Mitarbeiter. Um die vierzig Milliarden Mark werden schätzungsweise jährlich allein von den Firmen dafür ausgegeben, daß die Mitarbeiter auf dem neuesten Wissensstand sind beziehungsweise Zusatzqualifikationen erwerben können.

Info für neue Bundesländer:

Sie sehen: Weiterbildung ist nicht nur in den neuen Bundesländern gefragt. In der Regel haben Sie ja auch eine fundierte Ausbildung abgeschlossen. Und Fort- und Weiterbildung ist für Sie nichts Neues – davon zeugen nicht zuletzt die zahlreichen inner- und außerbetrieblichen Einrichtungen, die es in der ehemaligen DDR gegeben hat, angefangen von der Fortbildung der un-

und angelernten Arbeiter in den Betrieben über die Qualifizierung besonders geeigneter Facharbeiter oder Meister für ein Hochschulstudium bis hin zur Fortbildung in Betriebsschulen und -akademien, in Volkshochschulen und anhand von Fernlehrgängen.

Wenn von Qualifizierungsoffensiven geredet wird, wenn es heißt, es herrscht immer noch ein immenser Nachholbedarf an Bildung in den neuen Ländern – dann bezieht sich das in erster Linie auf das, was an Kenntnissen und Wissen fehlt, um in einer sozialen Marktwirtschaft beim Wettbewerb um den Arbeitsplatz bestehen zu können, sei es das neueste technische Know-how, seien es betriebs- oder volkswirtschaftliche Kenntnisse.

Ihre Chancen im Wettbewerb um einen Arbeitsplatz steigen auf alle Fälle, wenn Sie mehr können als andere. Wahrscheinlich haben Sie bereits einen Vorteil, wenn Sie lernen, mit den neuesten elektronischen Schreibmaschinen umzugehen, einen Computerkurs besuchen oder an einem Kurs teilnehmen, der Sie auf den neuesten Stand der Elektrotechnik bringt. Sinnvoll ist es sicher auch, eine oder gar mehrere Fremdsprachen zu beherrschen, die im zusammenwachsenden Europa immer wichtiger werden.

Auch wenn Sie schon seit längerem arbeitslos sind: Resignieren Sie nicht, und warten Sie auch nicht, bis Ihnen irgend jemand, zum Beispiel das Arbeitsamt, ein Weiterbildungsangebot sozusagen auf dem Tablett serviert. Ergreifen Sie die Initiative und qualifizieren Sie sich, das heißt, bilden Sie sich weiter!

Beherzigen Sie den Rat der Bundesanstalt für Arbeit: »Auch für unsichere Perspektiven lohnt sich die Qualifizierung, da es ohne sie noch unsicherer wird. Wer ohne Qualifizierung bleibt, wird in der Warteschleife immer weiter nach hinten gedrängt.«

Was Sie grundsätzlich beachten sollten

»Warum soll ich mich weiterbilden, wenn es danach doch keine Garantie dafür gibt, daß ich aufsteige oder überhaupt einen Arbeitsplatz erhalte?«
Diese Frage, die sich so mancher stellt, klingt zwar verständlich, nur – gar nichts zu tun, weil man keine konkrete Perspektive sieht, ist sehr kurzfristig gedacht. Eine Fort- oder Weiterbildung eröffnet Ihnen sicherlich so manche Möglichkeit, die Sie jetzt noch nicht in Erwägung ziehen. Vielleicht wird zum Beispiel schneller als vermutet eine höhere Position in Ihrem Unternehmen frei, für die genau das vorausgesetzt wird, was Sie etwa im Sprach- oder EDV-Kurs gerade gelernt haben. Oder vielleicht ist in einem halben Jahr genau die Position in der Zeitung ausgeschrieben, die Sie schon immer interessiert hat, auf die Sie sich aber ohne das, was Sie gerade im Betriebswirtschaftskurs gelernt haben, nicht bewerben könnten. Was Sie auch auf keinen Fall außer acht lassen sollten, ist, daß Sie persönlich von einer Fort- oder Weiterbildung profitieren. Mehr zu können als andere schafft neues Selbstbewußtsein. Zudem ist es sicherlich sinnvoller, eine Sprache zu lernen, einen Rhetorikkurs zu absolvieren oder sich in Wirtschaftslehre zu vertiefen, als jeden Abend vor dem Fernseher zu sitzen.
Für Ihre künftige Karriereplanung sollten Sie auf alle Fälle folgendes beachten:
1. **Ergreifen Sie Eigeninitiative.** Warten Sie nicht darauf, daß schon irgend etwas passieren wird.
2. **Gehen Sie davon aus, daß sich nicht alles sofort verwirkli-**

chen läßt, was Sie sich vorgenommen haben, daß Sie also vielleicht ein halbes oder ganzes Jahr, bei Meisterkursen zum Teil auch länger, warten müssen, um den von Ihnen gewünschten Kurs besuchen zu können. Gerade für die neuen Länder gilt: Bei einer derartig großen Zahl von Weiterbildungsinteressenten ist es klar, daß dieser Bedarf nicht auf einmal gedeckt werden kann, auch wenn es immer mehr Einrichtungen dafür gibt. Viele Kurse aber sind überfüllt, bei anderen, zum Beispiel Meisterkursen oder längerfristigen Maßnahmen zur Managementqualifizierung, ist mit langen Wartezeiten zu rechnen. Lassen Sie diese Zeit dennoch nicht nutzlos verstreichen. Vielleicht können Sie in der Zwischenzeit schon das eine oder andere lernen, was Ihnen später zugute kommt. Wer lange auf einen Meisterprüfungskurs oder auf einen Studienplatz warten muß, sollte diese Zeit sinnvoll nützen, um sich zum Beispiel in einem Abendkurs mit Datenverarbeitung zu befassen oder eine Sprache zu lernen.

3. **Planen Sie nicht nur für die nächste Zeit, sondern mittel- beziehungsweise langfristig.** Dies bedeutet, daß Sie sich nicht darauf verlassen sollten, sofort einen Arbeitsplatz zu erhalten oder beruflich aufzusteigen, also gleich eine bessere Position und damit mehr Lohn oder Gehalt zu bekommen. Betrachten Sie Weiterbildung als Investition für die Zukunft.

4. **Gehen Sie auch davon aus, daß Sie mit Papierkrieg und mit Schwierigkeiten konfrontiert werden,** weil Arbeitsämter bürokratisch mit vielen Anträgen und Formularen arbeiten, und weil Sie, um zu einer Meisterprüfung zugelassen zu werden, um vielleicht einmal mit Hilfe eines Stipendiums ins Ausland zu kommen, erst zahlreiche Nachweise über Ihre Qualifikationen erbringen müssen. Daß dies sowohl mit Zeit als auch mit sonstigem Aufwand verbunden ist, ist klar.

5. **Kalkulieren Sie vor allem auch die Kosten!** Stellen Sie sich

die Frage, ob Sie die Gebühren auch wirklich über den vorgesehenen, vielleicht langen Zeitraum zahlen können. Bedenken Sie dabei, ob Sie auch dann noch zahlen können, wenn Sie arbeitslos werden. Ein Vertrag mit einem Weiterbildungsinstitut kann nämlich nicht einfach gekündigt werden, nur weil Sie plötzlich über weniger Geld verfügen. Dies ist kein außerordentlicher Kündigungsgrund.

6. **Beziehen Sie in Ihre Planung Ihre Familie mit ein** – vor allem, wenn es sich um zeitaufwendige, nebenberufliche Maßnahmen handelt, bei denen Ihr Privatleben eine Zeitlang mehr oder weniger auf der Strecke bleibt.

7. **Für alles, was Sie im Bereich Fortbildung planen, gilt: übernehmen Sie sich nicht.** Den Goldenen Trichter, mit dem einem das Wissen eingeträufelt wird, gibt es einfach nicht. Fort- und Weiterbildung ist mit Aufwand und Lernen verbunden. Kalkulieren Sie nicht nur die Stunden ein, die Sie in der Schule oder im Weiterbildungsinstitut verbringen, sondern auch genügend Zeit für die Vor- und Nachbereitung, für Hausaufgaben, für das Vokabellernen. Versuchen Sie also, sich einen realistischen Zeitplan zu erstellen. Fragen Sie, bevor Sie einen Vertrag unterschreiben, mit wieviel Aufwand zu rechnen ist. Besuchen Sie zu viele Kurse parallel oder in den unterschiedlichsten Fächern, kommen Sie vielleicht mit dem Stoff nicht mehr mit, weil die Zeit nicht reicht, alles gründlich vor- und nachzubereiten. Machen Sie sich klar, daß Sie rasch die Lust am Lernen verlieren, wenn sich kein Erfolg einstellt.

I. Was sich am Bildungssystem ändert – Ein Überblick für die Bürger in den neuen Bundesländern

Info für neue Bundesländer:

1. Allgemeines

Neu wird für Sie einiges am Bildungssystem sein. Die Weichen für die spätere berufliche Zukunft werden jetzt wesentlich früher in den allgemeinbildenden Schulen gelegt, das Angebot an weiterführenden beruflichen Schulen ist anders als früher und damit unübersichtlicher, die Anforderungen an Berufsabschlüsse haben sich verändert, und auch an den Universitäten tut sich viel Neues.

Zuständig für Bildungsfragen, vor allem für die Schulgesetzgebung und für die Schulverwaltung, sind die Länder. Aus dieser Kulturhoheit der Länder ergibt sich ein mehr oder weniger unterschiedliches Schulsystem. So gibt es in einigen Bundesländern Gesamtschulen, in anderen nicht. Unterschiedlich kann auch die Dauer der Schulzeit (zum Beispiel neun oder zehn Pflichtschuljahre) sein oder die Anforderungen an die Schüler. Zwar haben sich die Kultusministerien der einzelnen Länder über die Anerkennung der meisten Schulabschlüsse verständigt, das Abitur in Bayern zum Beispiel ist aber schwieriger als das in Hamburg, was zur Folge hat, daß ein in Hamburg abgelegtes Abitur in Bayern nicht automatisch die gleiche Anerkennung findet. Unterschiede kann es zudem an den Schulen bei den Pflicht- und bei den Wahlfächern geben.

Auch in den neuen Ländern ergibt sich aufgrund dieser Kulturhoheit kein einheitliches Bild mehr. Wenn Sie also eine weiterführende Schule, zum Beispiel eine Fachoberschule, besuchen, sollten Sie sich unbedingt erkundigen, ob Sie auch in anderen Bundesländern an weiterführenden Bildungseinrichtungen aufgenommen werden!

2. Änderungen im Schulsystem

a) Allgemeinbildende Schulen

Die **Grundschule** wird von allen Schülern in der Regel von der ersten bis zur vierten Klasse besucht. Danach ist, leistungsabhängig, ein Wechsel in die Hauptschule oder – je nach Bundesland – in die Gesamtschule, in die Realschule oder ins Gymnasium möglich.

Die **Realschule** bietet die Grundlage für eine Berufsausbildung in gehobenen Berufen verschiedener Art, berechtigt aber auch zum Besuch etwa einer Fachoberschule oder eines Fachgymnasiums.

Das **Gymnasium** führt zur allgemeinen Hochschulreife, berechtigt also zum Studium an den wissenschaftlichen Hochschulen sowie an den Fachhochschulen.

In **Gesamtschulen** (derzeit voraussichtlich nur in Brandenburg und Mecklenburg-Vorpommern vorgesehen) sind die verschiedenen Schularten herkömmlicher Art, also Hauptschule, Realschule und Gymnasium, bis zur zehnten Klasse zusammengefaßt. In manchen Bundesländern gibt es zusätzliche Oberstufenzentren (elfte und zwölfte Klasse), die – kombiniert mit beruflichen Inhalten – zu einer Doppelqualifikation führen. Der Abschluß nach der zehnten Klasse der Gesamtschule ist dem Abschluß der Realschule gleichgesetzt.

b) Berufliche Schulen

Berufsschulen müssen von allen Auszubildenden als Ergänzung zur praktischen Ausbildung im Betrieb besucht werden, aber auch von denjenigen, die in einem Arbeitsverhältnis stehen oder arbeitslos sind und die das 18. Lebensjahr (Ende der Schulpflicht) noch nicht vollendet haben.

Berufsaufbauschulen, Berufsfachschulen, Fachoberschulen, Fachgymnasien, Berufsoberschulen, berufsorientierte Gymnasien und Fachschulen haben alle eines gemeinsam: Sie vermitteln schwerpunktmäßig berufsbezogene Kenntnisse (zum Beispiel Wirtschaft, Sozialpädagogik, Technik). Gleichzeitig schließt man dort in der Regel mit einem weiteren allgemeinbildenden Bildungsabschluß ab, zum Beispiel mit der Mittleren Reife oder der Fachhochschulreife.

3. Änderungen an Universitäten, Fachhochschulen und Gesamthochschulen

Universitäten können von denjenigen besucht werden, die die allgemeine Hochschulreife erworben haben (zum Beispiel auf dem Gymnasium oder auf der Berufsoberschule). Die Wahl der Universität und der Fachrichtung ist frei. Die Ausnahme: die sogenannten »Numerus-Clausus-Fächer«, die entweder universitätsintern oder bundesweit geregelt sind (z. B. Medizin und Pharmazie bundesweit, Kommunikationswissenschaften universitätsintern). Hier hängt die Zugangsberechtigung von den Abiturnoten ab, in Medizin muß zum Teil noch zusätzlich ein Test absolviert werden.

Fachhochschulen vermitteln, wie der Name schon sagt, einen fachbezogenen Diplom-Abschluß, zum Beispiel in Sozialpädagogik, Maschinenbau, Innenarchitektur oder Verwaltung. Der größte Unterschied zu den wissenschaftlichen Hochschulen besteht im Praxisbezug und in der Begrenzung auf einzelne Fächergruppen. Zu den Fachhochschulen gehören auch die Einrichtungen der staatlichen Verwaltung, an denen speziell Beamte ausgebildet werden. Zugangsvoraussetzungen sind entweder die allgemeine Hochschulreife oder die Fachhochschulreife.

Gesamthochschulen bieten sowohl Fachhochschul- als auch Universitätsabschlüsse an.

Ein **Aufbaustudium** vermittelt zusätzliche, breitgefächerte Kenntnisse in einem bereits abgeschlossenen Studiengang.

Von einem **Zusatzstudium** ist die Rede, wenn in ein bis zwei Jahren eine Spezialisierung in einem bereits abgeschlossenen Fach erreicht werden kann.

Ein **Ergänzungsstudium** schließlich führt in eine ganz andere Fachrichtung. Ein Beispiel wäre hier, wenn sich ein Ingenieur in vier Semestern zusätzlich betriebswirtschaftliche Kenntnisse aneignet.

Vom **Zweiten Bildungsweg** spricht man, wenn man mit abgeschlossener Berufsausbildung oder mit entsprechender langjähriger Berufserfahrung die Möglichkeit wahrnimmt, einen schulischen Abschluß nachzuholen. Beispiele wären hier der Besuch von Abendgymnasien, Abendrealschulen oder eines Kollegs, das Ganztagsunterricht vorsieht, also den zwischenzeitlichen Ausstieg aus dem Beruf notwendig macht (siehe Kapitel »Zweiter Bildungsweg«).

4. Privatschulen

Neben den öffentlichen Schulen existieren die **privaten Schulen.**

Träger von Privatschulen können zum Beispiel Stiftungen, ein-

getragene Vereine, Kirchen oder Religionsgemeinschaften, ein Orden oder Privatpersonen sein.
Privatschulen gliedern sich in
- Ersatzschulen und
- Ergänzungsschulen.

Ersatzschulen
Diese dürfen nur mit der Genehmigung des Staates errichtet und betrieben werden, sie unterstehen den Landesgesetzen. Ersatzschulen müssen gewährleisten, daß die Ausbildung mit derjenigen an öffentlichen Schulen vergleichbar ist. Sie dürfen also unter anderem hinsichtlich ihrer Lehrziele, in ihren Einrichtungen und in der wissenschaftlichen Ausbildung der Lehrer nicht hinter den öffentlichen Schulen zurückstehen.
Prüfungen und Zeugnisse von **staatlich genehmigten** Privatschulen verleihen **nicht** dieselben Berechtigungen wie diejenigen der öffentlichen Schulen. Diese können nur durch eine **zusätzliche** staatliche Prüfung erreicht werden.
Eine staatlich genehmigte Ersatzschule kann auf Antrag aber staatlich anerkannt werden.
An **staatlich anerkannten** Ersatzschulen gelten für die Aufnahme, das Vorrücken und beim Schulwechsel sowie bei Prüfungen die gleichen Bestimmungen wie an den öffentlichen Schulen.
Prüfungen und Zeugnisse verleihen daher auch die gleiche Berechtigung wie die von öffentlichen Schulen, zum Beispiel den Besuch einer weiterführenden Schule.

Anzeigepflichtige Ergänzungsschulen
Ergänzungsschulen sind Privatschulen, die in Aufgabe, Zielsetzung und Organisation nicht mit einer öffentlichen Schule vergleichbar sind. Ergänzungsschulen können zum Beispiel Sprach- oder Gymnastikschulen sein. Die dort erlangten Zeug-

nisse sind allerdings – wie auch die der staatlich genehmigten Ersatzschulen – nicht mit den Zeugnissen von öffentlichen Schulen vergleichbar, die an öffentlichen Schulen verliehen werden. Das heißt, der Besuch einer weiterführenden Schule ist nur mit dem Zeugnis der Ergänzungsschule nicht möglich. Achten Sie also darauf, falls Sie sich für einen langfristigen, zum Beispiel zweijährigen Besuch einer privaten Schule entscheiden, mit einer anerkannten Prüfung abzuschließen, die Ihnen später den Zugang zu einer weiterführenden Schule oder zu einem Kurs bei der Industrie- und Handelskammer ermöglicht.

Info für neue Bundesländer:

5. Vergleichbarkeit von Schulabschlüssen

Auskünfte über die Anerkennung von Schulabschlüssen und über die Weiterbildungswege, die Ihnen aufgrund Ihres Abschlusses offenstehen, können Sie bei Ihrem Arbeitsamt, bei der Universität, an der Sie gerne studieren möchten, aber auch bei den jeweiligen Kultusministerien der Länder (Adressen im Anhang) erhalten.
Die wichtigsten Übergangsregelungen sind:
Einen direkt mit dem Hauptschulabschluß vergleichbaren Schulabschluß gab es in der ehemaligen DDR nicht. Als indirekt vergleichbar kann laut Pädagogischem Zentrum als Gutachterstelle für das deutsche Schul- und Studienwesen die bestandene neunte Klasse der Polytechnischen Oberschule angesehen werden. Sind Sie bereits nach der achten Klasse von der Polytechnischen Oberschule abgegangen, ist dies nicht mit dem Hauptschulabschluß vergleichbar. Sie müssen gegebenenfalls noch ein Hauptschuljahr absolvieren, um eine weiterführende

Schule besuchen zu können, oder eine Ausbildung machen, die einen Hauptschulabschluß voraussetzt.

Nach einem Beschluß der Kultusministerkonferenz sind dem Realschulabschluß das Abschlußzeugnis der zehnklassigen Polytechnischen Oberschule gleichgestellt, aber auch Zeugnisse der allgemeinbildenden Schulen, die es vor 1959, also vor Einführung der Polytechnischen Oberschulen, gab, das Abschlußzeugnis einer Mittelschule der DDR und das Versetzungszeugnis in die elfte Klasse einer Oberschule der DDR.

Einen exakt vergleichbaren Schultyp, durch den, wie beispielsweise an den westdeutschen Fachoberschulen, die Fachhochschulreife erworben werden konnte, gab es in der ehemaligen DDR ebenfalls nicht. Wer jetzt trotzdem eine Fachhochschule besuchen möchte, für den gilt: In der Regel wird ein aufsteigender, allgemeinbildender Schulbesuch von zwölf Jahren anerkannt. Zum Teil wird aber auch geprüft, ob der Fächerkanon mit dem einer Fachoberschule in der Bundesrepublik übereinstimmt.

Zum Studium einer bestimmten Fachrichtung an der Fachhochschule berechtigen aber auch:
- Zeugnisse über das Bestehen der Sonderreifeprüfung nach Vorkursen für junge Facharbeiter an Universitäten und Hochschulen. Die möglichen Studienfächer richten sich in der Regel nach dem im Facharbeiterzeugnis ausgewiesenen Beruf.
- Abschlußzeugnisse der Ingenieur- und Fachschulen. Auch hier kann in der Regel nur das studiert werden, was als Fachrichtung an der Fachschule gelehrt wurde.

Für den Zugang zu Hochschulen gelten gemäß des Beschlusses der Kultusministerkonferenz vom 10. 5. 1990 für eine Übergangszeit die in der ehemaligen DDR erworbenen Hochschulzugangsberechtigungen auch in der Bundesrepublik.

Die allgemeine Hochschulreife, also die Berechtigung zum Stu-

dium aller Fachrichtungen (Einschränkungen sind die Numerus-Clausus-Fächer), haben Sie mit folgenden Reifezeugnissen:
- Reifezeugnis der Erweiterten Oberschule (EOS);
- Reife- und Facharbeiterzeugnisse der Einrichtungen der Berufsausbildung;
- Reifezeugnis der Spezialschulen und Spezialklassen;
- Reifezeugnis der Volkshochschule (VHS), wenn Sie für die zweite Fremdsprache ein zusätzliches Zertifikat vorlegen können, das dem Kenntnisstand nach der zwölften Klasse der EOS entspricht.
- Reifezeugnis der Arbeiter- und Bauernfakultät (ABF), Vorbereitung auf ein Auslandsstudium an der Martin-Luther-Universität Halle-Wittenberg, sofern zwölf aufsteigende Jahrgänge durchlaufen worden sind, und wenn für die zweite Fremdsprache ein zusätzliches Zertifikat (Kenntnisstand Abschluß der zwölften Klasse EOS) vorgelegt werden kann.
- Reife- oder Abschlußzeugnisse der kirchlichen Einrichtungen Studienkolleg Norbertuswerk Magdeburg, Kirchliches Oberseminar Potsdam-Hermannswerder und Kirchliches Proseminar Naumburg.

Die Voraussetzungen für eine Anerkennung sind zudem, daß alle Pflichtfächer im Reifezeugnis benotet wurden und daß für die im Reifezeugnis nicht benoteten Pflichtfächer ein Abschlußzeugnis der Volkshochschule mit dem Kenntnisstand der zwölften Klasse der EOS vorgelegt wird.

Wenn in Ihrem Reifezeugnis die Fächer Biologie oder Chemie fehlen, können Sie nicht Medizin, Zahnmedizin, Veterinärmedizin, Pharmazie, Biologie oder Chemie studieren. Fehlt das Fach Geographie, wird Ihnen dieses Studium an der Universität verwehrt.

6. Das Berufsbildungssystem

Berufsbildungsgesetz und Handwerksordnung

Im Berufsbildungsgesetz ist nicht nur die Ausbildung geregelt. Vielmehr heißt es dort:

§ 1. Berufsbildung

(1) Berufsbildung im Sinne dieses Gesetzes sind die Berufsausbildung, die berufliche Fortbildung und die berufliche Umschulung.

(2) Die Berufsausbildung hat eine breit angelegte, berufliche Grundbildung und die für die Ausübung einer qualifizierten beruflichen Tätigkeit notwendigen fachlichen Fertigkeiten und Kenntnisse in einem geordneten Ausbildungsgang zu vermitteln. Sie hat ferner den Erwerb der erforderlichen Berufserfahrung zu ermöglichen.

(3) Die berufliche Fortbildung soll es ermöglichen, die beruflichen Kenntnisse und Fertigkeiten zu erhalten, zu erweitern, der technischen Entwicklung anzupassen oder beruflich aufzusteigen.

(4) Berufsbildung wird durchgeführt in Betrieben der Wirtschaft, in vergleichbaren Einrichtungen außerhalb der Wirtschaft, insbesondere des öffentlichen Dienstes, der Angehörigen freier Berufe und in Haushalten (betriebliche Berufsbildung) sowie in berufsbildenden Schulen und sonstigen Berufsbildungseinrichtungen außerhalb der schulischen und betrieblichen Berufsbildung.

Maßgebliche Stellen für die Abnahme von öffentlich-rechtlichen Prüfungen, sei es von Ausbildungs- oder Fortbildungsprüfungen, sind die Kammern vor Ort, das bedeutet also, die Industrie- und Handelskammer, die Handwerkskammer, die Landwirtschaftskammern und die entsprechenden Kammern für die sogenannten freien Berufe (zum Beispiel Ärzte- oder Rechts-

anwaltskammern). Vorgeschriebene Zwischen- und Abschlußprüfungen mit vorwiegend praktisch-technischen Prüfungsbestandteilen werden von den Kammern abgenommen. Hier werden auch die Zeugnisse nach einer erfolgreichen Prüfung ausgestellt, und zwar
– der Facharbeiterbrief (in der Industrie)
– der Gesellenbrief (im Handwerk)
– der Gehilfenbrief (in kaufmännischen Berufen und in den Gehilfenberufen im Bereich der sogenannten freien Berufe).
Auch die Prüfungsordnungen werden von den Kammern erlassen. So heißt es zum Beispiel in § 38 der Handwerksordnung:
(1) Die Handwerkskammer hat eine Prüfungsordnung für die Gesellenprüfung zu erlassen. Die Prüfungsordnung muß die Zulassung, die Gliederung der Prüfung, die Bewertungsmaßstäbe, die Erteilung der Prüfungszeugnisse, die Folgen von Verstößen gegen die Prüfungsordnung und die Wiederholungsprüfung regeln. Der Bundesausschuß für Berufsbildung erläßt für die Prüfungsordnungen Richtlinien.

Für wichtige Fortbildungsprüfungen sind ebenfalls die Kammern vor Ort zuständig, zum Beispiel für Meisterprüfungen in Industrie- und Handwerk. Um zu einer Fortbildungsprüfung zugelassen zu werden, etwa zur geprüften Bilanzbuchhalterin oder zum geprüften Industriemeister, werden in der Regel
– eine mit Erfolg abgelegte Abschlußprüfung in einem entsprechenden anerkannten Ausbildungsberuf und danach eine mindestens dreijährige Berufspraxis
  oder
– eine je nach Prüfung sechs- bis achtjährige entsprechende Berufspraxis
  vorausgesetzt.
Zugelassen werden kann aber auch, wer durch Vorlage von Zeugnissen oder auf andere Weise glaubhaft machen kann, daß

er Kenntnisse, Fertigkeiten und Erfahrungen erworben hat, die die Zulassung zur Prüfung rechtfertigen.

Geprüft wird in einem fachtheoretischen und in einem fachpraktischen Teil sowie in einem fachübergreifenden Teil, bei Meisterprüfungen findet zusätzlich eine Ausbildungseignungsprüfung statt.

Prüfungsinhalte für die Prüfung zum Industriemeister, Fachrichtung Metall, sind zum Beispiel:

- im fächerübergreifenden Teil:
  - Grundlagen für kostenbewußtes Handeln,
  - Grundlagen für rechtsbewußtes Handeln,
  - Grundlagen für die Zusammenarbeit im Betrieb;
- im fachspezifischen Teil:
  - mathematische und naturwissenschaftliche Grundlagen,
  - technische Kommunikation,
  - Technologie der Werk- und Hilfsstoffe,
  - Betriebstechnik,
  - Fertigungstechnik;
- im berufs- und arbeitspädagogischen Teil:
  - Grundfragen der Berufsbildung,
  - Planung und Durchführung der Ausbildung,
  - der Jugendliche in der Ausbildung,
  - Rechtsgrundlagen der Berufsbildung.

Ausführliche Informationen über alle Prüfungsinhalte und -anforderungen enthalten die jeweiligen Verordnungen, die bei den Kammern eingesehen werden können. Dort erfahren Sie auch, welche Prüfungen überhaupt möglich sind.

Prüfungen können grundsätzlich nur bei der jeweils zuständigen Kammer abgelegt werden, das heißt dort, wo Sie
- Ihren Wohnort,
- Ihren Arbeitsplatz haben oder
- in dem Kammerbezirk, in dem Sie an der Bildungsmaßnahme teilgenommen haben.

Achten Sie vor allem beim Fernunterricht (siehe dort), der auf Kammerprüfungen vorbereitet, darauf, wo die Prüfung abgelegt werden muß. Unter Umständen können lange Anfahrtswege und damit auch Mehrkosten auf Sie zukommen.

Zur Vorbereitung auf Kammerprüfungen bieten die Kammern selbst, aber auch zahlreiche andere Weiterbildungsinstitutionen wie Bildungswerke der Wirtschaft, Berufsbildungszentren der Gewerkschaften, Volkshochschulen, Privatschulen und Fernlehrgangsinstitute entsprechende Kurse an (siehe Kapitel »Wer bildet weiter?« und »Fernunterricht«).

Achten Sie darauf, daß das Institut, das den Kurs anbietet, vorab prüft, ob Sie die Voraussetzungen für eine Kammerprüfung erfüllen, ob also zum Beispiel Ihre Berufsausbildung und Ihre Berufserfahrung für den entsprechenden Abschluß ausreichend sind. Die Weiterbildungseinrichtung sollte sich auch um Ihre Anmeldung zur Kammerprüfung kümmern beziehungsweise Ihnen dabei behilflich sein.

Über die Zulassung der Prüfung entscheidet letztendlich die jeweilige Kammer selbst, so daß Sie sich dort vorab informieren sollten, ob Sie über die notwendigen Voraussetzungen verfügen.

Info für neue Bundesländer:

7. Anerkennung von Berufsabschlüssen

Bei nahezu allen Berufsabschlüssen, die in der ehemaligen DDR abgelegt wurden, ist inzwischen die Frage nach der Vergleichbarkeit beziehungsweise Anerkennung geregelt. Hauptsächlich aufgrund der Ergebnisse einer Untersuchung des Bundesinstituts für Berufsbildung hat die Bundesanstalt für Arbeit ein fünfbändiges Werk in der Reihe »Bildung und Beruf« her-

ausgegeben, das sich ausschließlich mit DDR-Ausbildungsberufen und den vergleichbaren, verwandten Berufen in der Bundesrepublik Deutschland befaßt.
Im einzelnen enthalten die Hefte mit dem Titel »DDR-Ausbildungsberufe – Vergleichbare und verwandte Berufe in der Bundesrepublik Deutschland« folgende Bereiche:
- Heft 301: Land- und Forstwirtschaft, Gartenbau, Ernährung, Gastgewerbe, Hauswirtschaft, Reinigung, Nichtärztliche Heilberufe, Soziale und Pädagogische Berufe
- Heft 302: Metall, Elektro
- Heft 303: Kaufmännische Berufe, Büro- und Verwaltungsberufe, Verkehr und Transport, Bau, Steine und Erden, Bergbau
- Heft 304: Textil, Bekleidung, Leder, Papier und Druck
- Heft 305: Chemie, Glas, Keramik, Holz, Kunststoff, Raumausstattung, Polstermöbel, Musikinstrumente, Spielzeug, Maschinisten, Technische Zeichner, technische Sonderfachkräfte, Laboranten (ohne medizinisches Labor)

Beschrieben sind neben den alten DDR-Berufen in Kurzform auch die vergleichbaren beziehungsweise die verwandten Berufe in der Bundesrepublik. Genannt sind unter anderem Ausbildungsdauer, Beschäftigungsmöglichkeiten, Spezialisierungen und Aufstiegsberufe, aber auch Beschäftigungsalternativen und vor allem die für Ausbildungen, Prüfungen und Anerkennungen zuständigen Stellen, die Ihnen sagen können, welche Zusatzausbildung für einen in der Bundesrepublik anerkannten Beruf eventuell noch nötig ist.
Die Hefte sind kostenlos bei jedem Arbeitsamt erhältlich.
Auskünfte über die Anerkennung von Berufsabschlüssen erteilen neben den Arbeitsämtern vor allem auch die Kammern.

8. Leistungsnachweise

Nehmen Sie an einem Fortbildungskurs teil, so wollen Sie sicherlich später ein Papier in den Händen haben, das darüber Auskunft gibt, was Sie gelernt haben. Während eine Umschulung oder eine Prüfung vor der Industrie- und Handelskammer in der Regel mit einem staatlich anerkannten Abschluß endet, gibt es diese staatliche Anerkennung bei vielen privaten Weiterbildungsinstituten nicht. Verspricht Ihnen ein Unternehmen vollmundig ein Zeugnis, ist zumindest Vorsicht angebracht. Oft handelt es sich nur um eine Teilnahmebestätigung, mit der Sie oder Ihr Arbeitgeber wenig anfangen können. Nachfolgend deswegen kurz die Unterschiede:

Teilnahmebestätigungen
bestätigen Ihnen in der Regel nur die Teilnahme an einem Kurs. Sie enthalten die Bezeichnung der Veranstaltung, den Veranstaltungsnamen, Angaben zu Ihrer Person, das Thema, die Dauer der Veranstaltung und in Kurzform den Stoff, der gelehrt wurde.
Teilnahmebestätigungen erstellen beispielsweise Industrie- und Handelskammern für Seminare, die zwischen acht und fünfzig Stunden dauern, oder Sprachveranstalter für einen Zweiwochen-Intensivkurs.

Zertifikate
Zertifikate enthalten bereits detaillierte Auskünfte darüber, was Sie gelernt haben, also neben den Angaben, die in einer Teilnahmebestätigung zu finden sind, auch die absolvierte Stundenzahl, die genauen Lehrinhalte und – wenn eine institutsinterne Prüfung durchgeführt wurde – auch Angaben über das Bestehen dieser Prüfung.

Zertifikate stellen die Industrie- und Handelskammern und die Handwerkskammern zum Beispiel für einen Lehrgang zwischen fünfzig und dreihundert Stunden Dauer aus.

Zeugnisse
Ein Zeugnis sollte wirklich nur dann erteilt werden, wenn es sich um eine Prüfung handelt, die nach einer Prüfungsordnung durchgeführt wird. Zeugnisse sind nämlich urkundliche Nachweise über die Erreichung eines bestimmten (schulischen oder beruflichen) Bildungszieles, das Ihnen den Besuch einer weiterführenden Maßnahme erlaubt (zum Beispiel einer höheren Schule oder die Teilnahme an einem Meisterkurs). Detailliert enthalten sein müssen Ihre Prüfungsleistungen, d. h. welche Note Sie in welchem Fach erreicht haben. Meist gibt ein Zeugnis auch die Gesamtnote an, also das aus allen Noten errechnete, durchschnittliche Prüfungsergebnis. Enthalten muß ein Zeugnis natürlich auch Ihre persönlichen Daten (Namen und Geburtsdatum) und das Datum des Bestehens.
Zeugnisse können erstellt werden an:

- **öffentlichen Schulen,**
also an staatlichen oder kommunalen Schulen. Für öffentliche Schulen legt das jeweilige Staatsministerium die Lehrpläne, die Stundenpläne, die Vorrückbestimmungen, die Kriterien der Leistungsmessung und die Prüfungsanforderungen fest. Die Zeugnisse von staatlichen und kommunalen, also zum Beispiel städtischen Schulen, verleihen die gleichen Berechtigungen, um eine weiterführende Fortbildungseinrichtung zu besuchen.

- **privaten Schulen,**
wo unterschieden werden muß zwischen Ersatzschulen und Ergänzungsschulen (siehe Kapitel »Privatschulen«). Zeugnisse, die an staatlich anerkannten Ersatzschulen verliehen werden,

haben die gleiche Bedeutung wie die der öffentlichen Schulen. Zeugnisse der staatlich genehmigten Ersatzschulen dagegen verleihen noch nicht dieselben Berechtigungen wie die der öffentlichen Schulen. Diese Berechtigungen können nur durch eine zusätzliche staatliche Prüfung erreicht werden. Zeugnisse von anzeigepflichtigen Ergänzungsschulen sind mit denen öffentlicher Schulen überhaupt nicht vergleichbar.

● **Einrichtungen, die mit der Abnahme von öffentlich-rechtlichen oder staatlich anerkannten Berufsprüfungen beauftragt sind,** zum Beispiel Industrie- und Handelskammern und Handwerkskammern und andere Institutionen, deren Maßnahmen mit einer anerkannten Prüfung enden.

● **Hochschulen und Fachhochschulen**
Hier erhalten Sie nach erfolgreich abgelegter Prüfung sowohl ein Zeugnis als auch einen akademischen Titel, zum Beispiel ein Diplom.

II. Fortbildung oder Umschulung?

1. Ausbildung – Fortbildung – Weiterbildung – Umschulung: Definitionen

Ausbildung ist der Erwerb einer beruflichen Erstqualifikation, beispielsweise durch eine Berufsausbildung oder durch ein Studium.

Unter **Fortbildung** verstehen die Arbeitsämter und die Finanzämter Maßnahmen, die darauf abzielen, berufliche Kenntnisse und Fertigkeiten zu erhalten, zu erweitern oder der technischen Entwicklung anzupassen, aber auch Maßnahmen, die einen beruflichen Aufstieg ermöglichen, wenn eine abgeschlossene Berufsausbildung oder angemessene Berufserfahrung vorliegt.

Die **Einarbeitung am Arbeitsplatz** vermittelt qualifizierende berufliche Kenntnisse und Fähigkeiten, die über die übliche kurzfristige Einweisung hinausgehen.

Weiterbildung ist die Erweiterung der Bildung in einem nicht ausgeübten Beruf, also über die Bereiche von Vorbildung und Ausbildung hinaus. Weiterbildung kann die Teilnahme an einem politischen Seminar sein, aber auch zum Beispiel an einem Sprachkurs, wenn er nicht direkt dem beruflichen Aufstieg dient (so definieren es unter anderem die Finanzämter!). Weiterbildung kann aber auch der Besuch eines Rhetorikseminars sein.

Umschulung schließlich ist die Teilnahme an Maßnahmen, die das Ziel haben, den Übergang in eine andere geeignete berufliche Tätigkeit zu ermöglichen.

2. Allgemeines (mit Checkliste)

Bevor Sie sich für eine Umschulung oder eine Fortbildung entscheiden, sollten Sie genau prüfen:
- Welche Berufsmöglichkeiten gibt es überhaupt;
- hat der von Ihnen gewünschte Beruf auch wirklich Zukunftsaussichten;
- für was eignen Sie sich am besten, wo liegen Ihre Stärken und Schwächen;
- auf welche Fertigkeiten, Kenntnisse und Erfahrungen können Sie zurückgreifen?

Schließlich sollen Umschulung und Fortbildung ja zu mehr und nicht zu weniger Chancen auf dem Arbeitsmarkt führen. Liegt Ihnen ein Beruf nicht, so werden Sie es darin zum einen aller Voraussicht nach nicht zu den besten Leistungen bringen, zum anderen werden Sie selbst nicht glücklich damit. Gibt es gar den Beruf in ein paar Jahren in dieser Form nicht mehr, stehen Sie erneut vor der Arbeitslosigkeit und vor der Frage »Was nun?«.
- Es nützt Ihnen beispielsweise überhaupt nichts – auch wenn es in diesem Bereich Arbeitsplätze gibt –, sich zur Datenverarbeitungsfachkraft umschulen zu lassen, wenn Sie über keinerlei mathematische Begabung verfügen. Eine Fortbildung in Fremdsprachen ist sinnlos, wenn Sie überhaupt kein Talent für Sprachen haben, was sich ja vielleicht bereits in der Schule herausgestellt hat. Und in einem Dienstleistungsberuf, in dem der Kontakt mit Menschen im Vordergrund steht, beispielsweise im Hotel- und Gaststättengewerbe, sind Sie fehl am Platz, wenn Sie lieber allein vor sich hin arbeiten.
- Mühsam und zeitaufwendig ist es, vielleicht erst das Abitur nachzuholen und dann noch einen eventuell erforderlichen Universitätsabschluß, um seinen »Traumberuf« ausüben zu können.

- Es hat in der Regel wenig Sinn, einen sicheren Arbeitsplatz aufzugeben, um an einem Vollzeitkurs von fünfundzwanzig Stunden wöchentlich teilzunehmen. Hier bieten sich eher berufsbegleitende Kurse an, zum Beispiel am Abend oder am Wochenende.

Machen Sie sich am besten eine Checkliste, anhand derer Sie Ihre persönliche Situation besser einschätzen können. Stellen Sie sich dabei vor allem folgende Fragen:

1. Bin ich grundsätzlich für den Beruf, den ich ausüben möchte, geeignet? Wo liegen meine Stärken, wo meine Schwächen?

   _____
   _____

2. Welche schulische und berufliche Vorbildung bringe ich mit? Reicht meine Vorbildung aus, um den gewünschten Beruf in absehbarer Zeit zu erlernen?

   _____
   _____

3. Wieviel Zeit kann/will ich in die Fortbildung/Umschulung investieren?

   _____
   _____

4. Habe ich meine Familie ausreichend in meine Pläne mit einbezogen?

   _____
   _____

5. Gibt es die von mir gewünschte Fortbildung oder Umschulung in meiner Nähe? Wenn nein: Bin ich bereit, weitere Wege in Kauf zu nehmen oder eventuell sogar (vielleicht vorübergehend) den Wohnort zu wechseln? Oder kommt vielleicht ein Fernlehrgang in Frage?

   _____
   _____

6. Welche Kosten kommen auf mich zu? Kann ich die Kosten auch tragen, wenn ich arbeitslos werde?

___

7. Habe ich sämtliche Förderungs- und Finanzierungsmöglichkeiten ausgeschöpft? (siehe auch Kapitel »Wer hilft bei der Finanzierung?«)

___

3. Wo werden Arbeitskräfte zunehmend gebraucht bzw. wo nicht? (mit Checkliste)

Vor allem, wenn Sie bereits arbeitslos sind und in absehbarer Zeit keine konkrete Aussicht auf einen Arbeitsplatz haben, stellt sich die Frage nach »Fortbildung oder Umschulung«. Dazu gehört erst einmal eine Analyse, wo es Arbeitsplätze gibt und wo aller Voraussicht nach nicht mehr. Informieren Sie sich am besten über die Gegebenheiten vor Ort, und zwar nicht nur beim Arbeitsamt, wohin Sie ohnehin wahrscheinlich wegen der Übernahme von Kosten für eine Fortbildung oder Umschulung gehen müssen, sondern auch bei den Kammern (Adressen siehe Anhang) und bei sonstigen Arbeitgeberverbänden, aber auch bei den Gewerkschaften. Hilfreich ist sicherlich auch die regelmäßige Lektüre der Wirtschaftsteile von Tageszeitungen oder von Wirtschaftsfachzeitungen.

Info für neue Bundesländer:

Anhaltspunkte darüber, was Wachstumsbranchen sind und in welchen Bereichen auf alle Fälle nicht nur kurzfristig Arbeitsplätze abgebaut werden, ergeben sich aus einer Studie des »In-

stituts für Arbeitsmarkt- und Berufsforschung((IAB), das in Nürnberg bei der Bundesanstalt für Arbeit angesiedelt ist. In dieser Studie mit dem Titel »Qualifizierung in den neuen Bundesländern« wurden folgende Wachstumsfelder definiert:
- Handel
- Dienstleistungen wie
  - Beratung, Architektur
  - EDV-Software
  - Banken, Versicherungen
  - Verbände, Kommunen
  - Gesundheitswesen, Altenpflege, soziale Betreuung
  - Gaststätten, Beherbergung
  - Leasing, Ausstellungswesen
  - Medien, Kunst, Unterhaltung
  - Tourismus, Reisebüros
  - Freizeit, Sport, Erholungsangebote
  - Telekommunikation
  - Rechtswesen
- Bau- und Ausbaugewerbe einschließlich Verkehrswegebau
- Maschinen- und Anlagenbau
- Umweltschutztechniken
- Wohnungs- und Stadtsanierung
- Handwerksbetriebe, freie Berufe.

Voraussichtliche Schrumpfungsbereiche sieht das IAB:
- in der Land- und Forstwirtschaft
- im Textilgewerbe
- in der Chemieindustrie
- im Bergbau
- im Ernährungs- und Bekleidungsgewerbe.

Erschwert wird eine Gesamtprognose zwar noch durch die in den neuen Bundesländern vorhandenen, regionalen Unterschiede, inzwischen kristallisieren sich aber Wachstums- und Schrumpfungsbereiche deutlich heraus.

Nachfolgend einige Fragen, die Sie sich stellen sollten, bevor Sie sich für einen bestimmten Kurs entscheiden:

Checkliste
1. Können Sie das, was Sie in einem Kurs gelernt haben, auch wirklich auf dem Arbeitsmarkt brauchen? Machen Sie sich eine Liste, in die Sie alle Berufsmöglichkeiten bzw. Tätigkeiten eintragen, die Sie sich vorstellen können.

2. Können Sie nach Abschluß des Kurses mit mehr Lohn oder Gehalt rechnen?

3. Bieten sich Aufstiegsmöglichkeiten in Ihrem Betrieb? Wenn ja, welche?

4. Wenn Ihre Firma rationalisiert: Haben Sie nach einer Fortbildung mehr Chancen, daß Ihr Arbeitsplatz erhalten bleibt? Wenn ja, welche Fortbildung müßte dies sein? Steht sie im Einklang mit dem, was Sie wirklich wollen, oder müßten Sie umdenken, etwa in Richtung Branchenwechsel?

5. Bieten sich nach einer Fort- oder Weiterbildung Chancen in einem anderen Unternehmen? Kaufen Sie sich die Wochenendausgaben mehrerer bundesweiter Tageszeitungen. Überprüfen Sie, ob das, was Sie sich vorstellen, in den Stellenanzeigen auch wirklich gefragt ist bzw. welche speziellen Anforderungen an Ihren Beruf gestellt werden.

Info für neue Bundesländer:

4. Wo besteht allgemeiner Nachholbedarf?

Das Institut für Arbeitsmarkt- und Berufsforschung (IAB) nennt folgende Bereiche, für die ein Nachholbedarf in den neuen Ländern besteht, in denen Ihnen also Mitarbeiter aus den alten Bundesländern in vergleichbaren Berufen vielleicht einen Schritt voraus sein könnten:

a) Auf betriebswirtschaftlich-theoretischer Ebene
- Grundlagen volks- und betriebswirtschaftlichen Denkens und Handelns
- Managementwissen
- Organisationslehre
- Finanzierung
- Marketing (Vertrieb, Werbung, Verkaufstechnik u. a.)
- Bilanz- und Rechnungswesen
- Personalplanung
- Material- und Fertigungswirtschaft
- ökologisches Basiswissen (einschließlich Anwendung moderner, umweltschonender Verfahrenstechnik)
- Kenntnisse im Wirtschafts-, Arbeits-, Steuer-, Privat- und öffentlichen Recht

b) Auf berufspraktischer Ebene
- Kaufmännische Kenntnisse und Arbeitsweisen
- Kundenbetreuung und Beratung
- Verwaltungs- und Bürotechniken, Elektronische Datenverarbeitung (EDV)
- Nutzung moderner Informations- und Kommunikationstechniken
- Integrative Nutzung programmgesteuerter Arbeitsmittel

- Heranführung an moderne Produktionsmethoden und Technologien (Automatisierung, Steuerungs-, Schweißtechnik, CNC, CAD u. a.)
- Fremdsprachenkenntnisse (insbesondere Englisch, Französisch, Spanisch)

c) Auf der Verhaltensebene
- Sozial- und Methodenkompetenz
- Kommunikations- und Kooperationsfähigkeit
- Eigeninitiative und Verantwortungsbewußtsein
- Flexibilität und Kreativität
- Problemlösungs- und Entscheidungsfähigkeit
- Einübung in geänderte Weisungsstrukturen
- Führungsverhalten

Vielleicht haben Sie bereits einen Kurs in dem einen oder anderen, vielleicht sogar in mehreren der oben genannten Bereiche absolviert – um so besser!

Prüfen Sie trotzdem selbstkritisch, was Ihnen in Ihrem (zukünftigen) Beruf noch fehlt. Vieles kann man sicherlich nicht von heute auf morgen lernen, zum Beispiel das, was sich jahrelang gerade auf der sogenannten Verhaltensebene eingeprägt hat. Ein zwei- oder dreitägiger Kurs in Sachen »Eigeninitiative« – sofern er überhaupt sinnvoll ist – genügt sicherlich nicht. Vieles muß am Arbeitsplatz direkt eingeübt werden, zum Beispiel Kreativität und Flexibilität.

Für die anderen Bereiche gilt: Sie müssen natürlich auf keinen Fall alles neu lernen, können Sie doch in der Regel auf eine fundierte Ausbildung und vielleicht auf eine langjährige Berufstätigkeit zurückgreifen. Überlegen Sie auf alle Fälle anhand der ersten beiden Bereiche (betriebswirtschaftlich-theoretische Eben und berufspraktische Ebene), welche Fertigkeiten Ihnen für Ihren Beruf fehlen.

III. Wer informiert über die Arbeitsmarktsituation und über Fortbildungs- und Umschulungsmöglichkeiten?

1. Allgemeines

In der Bundesrepublik gibt es etwa vierhundert anerkannte Ausbildungsberufe. Nicht mitgezählt sind dabei die zahlreichen möglichen Fachhochschul- und Hochschulabschlüsse, die Aufbau-, Zusatz- und Ergänzungsstudien. Sich bei dieser Anzahl zurechtzufinden, Bescheid zu wissen über das, was beruflich alles möglich ist, zu wissen, welche (neuen) Anforderungen in Ihrem Wunschberuf oder in Ihrem gelernten Beruf nötig sind, ist sicherlich nicht einfach.

Machen Sie sich trotzdem die Mühe – vor allem, wenn Sie ein Anrecht auf eine Finanzierung Ihrer Fort-, Weiterbildung oder Umschulung haben. Je informierter Sie zu Ihrem Arbeitsberater kommen, je genauer Sie wissen, was Sie wollen, desto größer ist die Chance, daß eine Fortbildung/Umschulung gewährt wird, die Ihnen auch wirklich liegt. Dem Arbeitsberater sitzen täglich zahlreiche Personen gegenüber, die alle verschiedene Vorkenntnisse und Neigungen mitbringen. Die Gefahr, daß an Ihren Bedürfnissen und Fähigkeiten vorbei entschieden wird, wenn es zum Beispiel um die Gewährung und damit um die Finanzierung einer Maßnahme geht, ist sicher nicht gering. Sie sollten sich also darüber im klaren sein, was Sie wollen.

Nehmen Sie sich also die Zeit – informieren Sie sich über das, was sich auf dem Arbeitsmarkt tut, aber auch über die unterschiedlichsten Berufsmöglichkeiten. Sehen Sie in einer Umschulung oder Fortbildung nicht nur ein »Muß«, ein notwendi-

ges Übel, sondern sehen Sie auch die Chancen, die sich Ihnen bieten. Vielleicht hat Ihnen Ihr Beruf ohnehin nicht zugesagt, vielleicht wurde er Ihnen – was die neuen Länder betrifft – »systembedingt« zugewiesen.
Vielleicht lieben Sie Ihren Beruf, erkennen aber, daß Sie mit Ihrem jetzigen Wissen kaum Wiedereinstiegs- oder Aufstiegschancen haben. Je mehr Sie über das Bildungssystem wissen, desto größer ist auf alle Fälle die Chance, daß auch in Ihrem Sinne entschieden wird.

2. Informationsveranstaltungen

Nach Artikel 41 a des Arbeitsförderungsgesetzes fördert die Bundesanstalt für Arbeit auch die Teilnahme von Arbeitslosen an Maßnahmen zur Verbesserung ihrer Vermittlungsaussichten. Die Ziele sind hier insbesondere:
1. über Fragen der Wahl von Arbeitsplätzen und die Möglichkeiten der beruflichen Bildung zu informieren und
2. zur Erhaltung oder Verbesserung der Fähigkeit beizutragen, Arbeit aufzunehmen oder an beruflichen Bildungsmaßnahmen teilzunehmen.

Derartige Informationsveranstaltungen werden von den unterschiedlichsten Trägern angeboten, zum Beispiel von den Industrie- und Handelskammern, von den Handwerkskammern, aber auch von den Weiterbildungseinrichtungen der Gewerkschaften (siehe auch Kapitel »Wer bildet weiter?«).

3. Arbeitsämter

An erster Stelle stehen die Informationsmöglichkeiten, die Ihnen das Arbeitsamt zur Verfügung stellt.

Fragen Sie Ihren Arbeitsberater, welche Hefte und Broschüren es gibt, wenn Sie sich nicht bereits selbst in einem Berufsinformationszentrum informieren konnten. Bitten Sie um eine Übersicht, welche Informationsmöglichkeiten es gibt (zum Beispiel die Schriftenreihe »Bildung und Beruf«, in der Sie in themenspezifischen Einzelheften alles über Berufsgruppen erfahren können – zum Beispiel vom Bau über Holz/Kunststoff, Hotel- und Gaststättenberufe, kaufmännisch-betriebswirtschaftlicher Bereich, Metallberufe, Papier und Druck, Sozialberufe, Textil, Bekleidung, Leder, Umweltschutz/Arbeitsschutz oder Verkehrs- und Speditionswesen, Datenverarbeitung/Informatik/Mikrocomputer).

Info für neue Bundesländer:

Bestens geeignet, um sich einen ersten Überblick zu verschaffen, sind die für die neuen Bundesländer erstellten Hefte »DDR-Ausbildungsberufe – Vergleichbare und verwandte Berufe in der Bundesrepublik Deutschland«. Hier finden Sie Vergleiche über die verschiedensten Berufe, und zwar vom Aufzugsmonteur über Backwarenfacharbeiter, Brillenfassungsmacher und Facharbeiter für Umformtechnik bis hin zum Zootechniker mit Spezialisierung Broilerproduktion. Aufschluß geben die Hefte vor allem darüber, welche vergleichbaren Berufe es in den alten Ländern gibt, welche Stelle für die Aus- und Weiterbildung zuständig ist (etwa Industrie- und Handelskammern oder Handwerkskammern), aber auch Beschäftigungsmöglichkeiten, Spezialisierungen, Aufstiegsberufe, Beschäftigungsalternativen und Weiterbildungsmöglichkeiten (siehe auch Kapitel »Berufsbildungssystem«).

Informationsbroschüren gibt es bei den Arbeitsämtern.

4. Berufsinformationszentren

Rat holen können Sie sich auch in den sogenannten »Berufsinformationszentren«, kurz BIZ, die den Arbeitsämtern angegliedert sind und nach und nach auch in den neuen Ländern entstehen. Hier können Sie sich jederzeit erkundigen, wenn Sie vor einer beruflichen Entscheidung stehen. Informationen werden angeboten über:
- Ausbildung und Studium
- berufliche Tätigkeiten
- berufliche Anforderungen
- Weiterbildung und Umschulung
- Entwicklungen auf dem Arbeitsmarkt.

Sie finden in den BIZ:
- **Informationsmappen** mit Darstellungen von Aufgaben und Tätigkeiten, Anforderungen, Ausbildung beziehungsweise Studium, Verdienst, Beschäftigungsaussichten, Weiterbildung beziehungsweise Spezialisierung;
- **Bücher und Zeitschriften** zu berufs-, studien- und wirtschaftskundlichen Themen;
- **Filme** zu Einzelberufen, Berufsfeldern und Berufswahlthemen;
- **Dia-Serien** zu Einzelberufen und Berufsfeldern im Überblick;
- **Hörprogramme** insbesondere zu studienkundlichen Fragen;
- **BIZ-Computer** mit Programmen zu verschiedenen Berufswahlthemen.

5. Fachvermittlungsdienste des Arbeitsamtes (FVD)

Die Zentralstelle für Arbeitsvermittlung (ZAV) in Frankfurt/ Main mit ihren Fachvermittlungsdiensten (FVD) ist seit über dreißig Jahren für höherqualifizierte Arbeitnehmer zuständig. Die ZAV hat zur Aufgabe, Hochschulabsolventen und Fach- und Führungskräften des sogenannten mittleren und gehobenen Managements zu beraten und zu vermitteln, und zwar sowohl diejenigen, die gerade erst ein Studium abgeschlossen haben, als auch »gestandene« Führungskräfte, also diejenigen, die bereits länger im Berufsleben stehen. Die Hauptaufgabe der ZAV beziehungsweise der Fachvermittlungsdienste ist es, qualifizierte Stellen zu vermitteln und Firmen bei der Suche nach qualifizierten Arbeitnehmern zu unterstützen, sowohl im Inland als auch im Ausland.

Gehören Sie zu den (künftigen) Fach- und Führungskräften, verfügen Sie also zum Beispiel über eine qualifizierte Fachausbildung oder haben Sie bereits in einer gehobenen Position gearbeitet, dann wenden Sie sich am besten an die Fachvermittlungsdienste, und zwar nicht nur, wenn Sie eine Stelle suchen. Neben der Vermittlung liegt einer der weiteren Schwerpunkte der Arbeit der FVD in West- und Ostdeutschland bei Beratung in Fragen der beruflichen Fortbildung und Umschulung sowie bei der Konzeption und Durchführung von Bildungsmaßnahmen.

Ein Beispiel nur für Weiterbildung in den neuen Ländern: Hier wollen die Fachvermittlungsdienste in Zusammenarbeit mit großen Bildungsträgern in den nächsten Jahren jeweils bis zu fünfhundert ostdeutsche Führungskräfte weiterqualifizieren. Ziel des zehnmonatigen Kurses ist es, auf Führungsaufgaben vorzubereiten. Wer den Lehrgang erfolgreich absolviert hat, kann und soll später Führungsaufgaben wahrnehmen, sei es in der Geschäftsführung oder im Vorstand eines Unternehmens, sei es als Hauptabteilungs-, Bereichs- oder Abteilungsleiter. Voraussetzung für die Teilnahme ist, daß Sie bereits arbeitslos gemeldet oder von Arbeitslosigkeit bedroht sind. Und Sie müssen die entsprechenden Qualifikationen mitbringen, um später eine Führungsaufgabe wahrnehmen zu können.

Fachvermittlungsdienste, die Ihnen weiterhelfen können, sind vor allem den Arbeitsämtern in größeren Städten angesiedelt. Wer für Sie zuständig ist, erfahren Sie am besten beim örtlichen Arbeitsamt.

Eine wichtige Informationsquelle für das, was sich auf dem Arbeitsmarkt tut, können auch die Arbeitgeberverbände und die Gewerkschaften sein. Fragen Sie dort auch, wer spezielle, branchenbezogene Fortbildung und Umschulung anbietet und wie diese Maßnahmen finanziell gefördert werden könnten.

6. Arbeitgeberverbände

Welcher Berufsverband, welche Innung für Ihre Belange zuständig ist, wo Sie den nächstgelegenen Landes- oder Ortsverband finden, können Ihnen vor allem die Arbeitsämter, die Handwerkskammern oder die Industrie- und Handelskammern vor Ort sagen.

Auskünfte über Ansprechpartner in Ihrer Nähe erhalten Sie darüber hinaus auch bei den folgenden Dachorganisationen:

Bundesvereinigung der Deutschen
Arbeitgeberverbände (BDA)
Gustav-Heinemann-Ufer 72
5000 Köln 51
Tel.: (0221) 3795-0

Bundesverband der Deutschen Industrie
Gustav-Heinemann-Ufer 84–88
5000 Köln 51
Tel.: (0221) 3708-00

Zentralverband des Deutschen Handwerks
Johanniterstraße 1
5300 Bonn 1
Tel.: (0228) 545-0

Deutscher Industrie- und Handelstag
Adenauer Allee 148
5300 Bonn 1
Tel.: (0228) 104-0

Bundesverband des Deutschen Groß- und Außenhandels
Kaiser-Friedrich-Straße 13
5300 Bonn 1
Tel.: (0228) 26004-0

Hauptgemeinschaft des Deutschen Einzelhandels
Sachsenring 89
5000 Köln 1
Tel.: (0221) 3398-0

Bundesverband Deutscher Banken
Mohrenstraße 35–41
5000 Köln 1
Tel.: (0221) 1663-0

Gesamtverband der Deutschen Versicherungswirtschaft
Ebertplatz 1
5000 Köln 1
Tel.: (0221) 7764-0

Deutscher Bauernverband e. V.
Godesberger Allee 142–148
5300 Bonn 2
Tel.: (0228) 8198-0

Bundesverband der Freien Berufe
Godesberger Allee 54
5300 Bonn 2
Tel.: (0228) 376635

7. Gewerkschaften

Auch die Arbeitnehmervertreter informieren darüber, was sich auf dem Arbeitsmarkt und im Fortbildungs- und Umschulungsbereich branchenspezifisch tut. Hier gilt, wie bei den Arbeitgeberorganisationen, daß Ihnen das Arbeitsamt die Anschrift des zuständigen Orts- oder Landesverbandes sagen kann, Sie können sich aber auch an folgende Adressen wenden:

Deutscher Gewerkschaftsbund
Bundesvorstand
Hans-Böckler-Straße 39
4000 Düsseldorf 30
Tel.: (0211) 4301-0

Deutsche Angestellten-Gewerkschaft
Karl-Muck-Platz 1
2000 Hamburg 36
Tel.: (040) 349151

Deutscher Beamtenbund
Bund der Gewerkschaften des öffentlichen Dienstes
Dreizehnmorgenweg 36
5300 Bonn 2
Tel.: (0228) 811-0

oder bei folgenden Einzelgewerkschaften:

IG Bau-Steine-Erden
Bockenheimer Landstraße
6000 Frankfurt/Main
Tel.: (069) 7437278

IG Bergbau und Energie
Alte Hattinger Straße 19
4630 Bochum 1
Tel.: (0234) 319-0

IG-Chemie-Papier-Keramik
Königsworther Platz 6
3000 Hannover
Tel.: (0511) 7631-0

Gewerkschaft der Eisenbahner
Deutschlands
Beethovenstraße 12–16
6000 Frankfurt/Main
Tel.: (069) 7536-0

Gewerkschaft Erziehung und Wissenschaft
Unterlindau 58
6000 Frankfurt/Main 1
Tel.: (069) 710000-0

Gewerkschaft Gartenbau,
Land- und Forstwirtschaft
Druseltalstraße 51
3500 Kassel
Tel.: (0561) 34068-9

Gewerkschaft Handel, Banken und
Versicherungen
Tersteegenstraße 30
4000 Düsseldorf 30
Tel.: (0211) 4582-0

Gewerkschaft Holz und Kunststoff
Sonnenstraße 14
4000 Düsseldorf 1
Tel.: (0211) 786461-63

Gewerkschaft Leder
Willi-Bleicher-Straße 20
7000 Stuttgart 1
Tel.: (0711) 295555-56

IG-Medien
Friedrichstraße 15
7000 Stuttgart 1
Tel.: (0711) 2018-0

IG-Metall
Wilhelm-Leuchner-Straße 79
6000 Frankfurt/Main 11
Tel.: (069) 2647-0

Gewerkschaft Nahrung-Genuß-Gaststätten
Gertrudenstraße 9
2000 Hamburg 1
Tel.: (040) 322981-85

Gewerkschaft öffentliche Dienste,
Transport und Verkehr
Theodor-Heuss-Straße 2
7000 Stuttgart 1
Tel.: (0711) 2097-0

Gewerkschaft der Polizei
Forststraße 3 a
4010 Hilden
Tel.: (0211) 71040

Deutsche Postgewerkschaft
Rhonestraße 2
6000 Frankfurt/Main 71
Tel.: (069) 6695-1

Gewerkschaft Textil-Bekleidung
Roßstraße 94
4000 Düsseldorf 30
Tel.: (0211) 4309-0

Info für neue Bundesländer:

Adressen von Arbeitgeber- und Arbeitnehmerverbänden direkt vor Ort in den neuen Bundesländern enthält auch der Band »Wer, was, wo zur Betrieblichen Weiterbildung in Berlin und den neuen Ländern«, der zu beziehen ist beim

Bundesministerium für Bildung und Wissenschaft
Heinemannstraße 2
5300 Bonn 2
Tel.: (0228) 57-1

IV. Wer bildet weiter?

Die vielfältigen Aktivitäten im Bildungsbereich bringen es mit sich, daß es ebenso viele Angebote der unterschiedlichsten Träger gibt.
Im folgenden sollen kurz die wichtigsten Anbieter aufgeführt werden, wobei daraus kein Anspruch auf Vollständigkeit abgeleitet werden kann. Und: Die Reihenfolge stellt keineswegs eine Wertung dar!

Weiterbildungsträger können sein:
– Betriebe
– Wirtschafts- und Berufsverbände, Arbeitgeberverbände
– Gewerkschaften
– Volkshochschulen
– Industrie- und Handelskammern, Handwerkskammern
– kommerzielle Weiterbildungsunternehmen.

Wirtschafts- und Berufsverbände, Arbeitgeberverbände, Gewerkschaften, Kammern und Volkshochschulen haben alle eines gemeinsam: Sie arbeiten gemeinnützig, das heißt, es geht nicht um Gewinnstreben, sondern mit den Teilnehmergebühren werden lediglich die Kosten der Kurse und Seminare gedeckt. Zudem beteiligen sich an den Maßnahmen auch die Mitgliedsunternehmen der jeweiligen Verbände. Preisunterschiede gibt es aber durchaus, so daß sich ein Vergleich auf alle Fälle lohnt. Was die privaten Weiterbildungseinrichtungen betrifft: Hier sollten Sie sich auf alle Fälle lieber mehr als weniger Angebote ins Haus schicken lassen und die Vertragsbedingungen und die Lehrinhalte in Ruhe studieren. Gerade in den neuen Ländern hat sich so manches unseriöse Unternehmen angesiedelt, das vom enormen Nachholbedarf in Sachen Weiterbildung profitieren möchte. Gehen Sie auf alle Fälle die

Checkliste im Kapitel »Wie unterscheide ich ein gutes von einem schlechten Angebot?« durch, bevor Sie Ihre Unterschrift unter einen Vertrag setzen!

Wer bildet im einzelnen weiter?

1. Betriebliche Weiterbildung

Während die Unternehmen in den alten Ländern, wie bereits eingangs erwähnt, jährlich rund vierzig Milliarden Mark in das berufliche Fortkommen ihrer Mitarbeiter investieren, sei es in externen oder innerbetrieblichen Einrichtungen, hat so mancher Betrieb in den neuen Ländern noch nicht erkannt, daß auch von seiten der Arbeitgeber Investitionen in die Weiterbildung der Arbeitnehmer notwendig sind, um in Zukunft auf dem Markt konkurrenzfähig zu werden oder konkurrenzfähig zu bleiben. Eine finanzielle Förderung der Arbeitnehmer, die Freistellung für eine Weiterbildungsmaßnahme oder die innerbetriebliche Weiterbildung fehlt zum Teil völlig.
In den Betrieben wiederum, die bereits in die Weiterbildung investieren, machen sich zum Teil – leider – Tendenzen wie in den alten Ländern bemerkbar: Je höher die Qualifikation ohnehin ist, desto mehr wird investiert, das heißt, Führungskräfte und technische oder kaufmännische Angestellte mit einer höherqualifizierten Ausbildung gelangen eher in den Genuß einer Fortbildung als Facharbeiter oder gar ungelernte und angelernte Arbeitskräfte. Auf alle Fälle gilt sowohl in den neuen als auch in den alten Ländern: Zeigen Sie sich unbedingt an einer betrieblichen Fortbildung interessiert!
a) Machen Sie sich klar, in welchen Bereichen (fachlich oder persönlich) Sie im Moment Schwierigkeiten haben, welche Kenntnisse Ihnen fehlen, die aber in Zukunft gefragt sind,

wo es also notwendig wäre, daß Sie sich weiterbilden. Überlegen Sie, was Sie gerne lernen möchten, auch was derzeit vielleicht noch nicht direkt am Arbeitsplatz gebraucht wird (zum Beispiel Fremdsprachen).

b) Suchen Sie sich, wenn es kein entsprechendes innerbetriebliches Angebot gibt, einen Kurs außerhalb des Betriebes aus, der Ihnen zusagt, zum Beispiel bei einer Industrie- und Handelskammer. Fragen Sie dann in Ihrem Betrieb, ob eine finanzielle Unterstützung gewährt wird.

c) Gehen Sie zu Ihrem Chef oder zu Ihrer Personalabteilung – und zwar mit konkreten Vorschlägen, wie Sie sich Ihre berufliche Zukunft vorstellen. Je mehr Eigeninitiative, Bereitschaft und Interesse Sie zeigen, je mehr Sie vorab Bescheid wissen, was Sie und der Betrieb künftig beruflich brauchen, desto höher sind die Chancen, daß Sie an einer innerbetrieblichen Weiterbildung teilnehmen können.

d) Nehmen Sie auf eigene Kosten an einer Maßnahme teil, scheuen Sie sich nicht, nach erfolgreichem Abschluß Ihrem unmittelbaren Vorgesetzten oder Ihrem Personalchef eine entsprechende Bestätigung des Instituts, ein Zertifikat oder gar ein Zeugnis vorzulegen. Die meisten Firmen wissen die Weiterbildungsbereitschaft ihrer Mitarbeiter durchaus zu schätzen – auch wenn es sich nicht direkt auf dem Gehaltszettel bemerkbar macht. Wird aber eine höhere Stelle in Ihrem Betrieb frei, haben Sie mit einer besseren Qualifikation gegenüber einem Mitbewerber sicherlich gute Chancen.

2. Wirtschafts- und Berufsverbände, Arbeitgeberverbände

Es gibt eigentlich keinen Arbeitgeberverband, der nicht entweder selbst oder in Zusammenarbeit mit anderen Unternehmen berufsspezifische Weiterbildung anbietet. So existiert beispielsweise ein Bildungswerk der chemischen Industrie, das von den Arbeitgebern der deutschen chemischen Industrie getragen wird und das unter anderem Weiterbildungsveranstaltungen wie Meistertreffen, Seminare für junge Akademiker, für Ausbilder und in Berufs- und Arbeitspädagogik durchführt.

In der Regel arbeiten die Weiterbildungseinrichtungen, die von der Wirtschaft selbst getragen werden, gemeinnützig, das heißt ohne Gewinnstreben. Dies bedeutet für Sie, daß sich die Kosten in einem vertretbaren Rahmen halten.

Das Angebot von Wirtschafts- und Berufsverbänden, von Arbeitgeberverbänden und von Unternehmenszusammenschlüssen zum Zweck der Weiterbildung ist derart groß, daß hier allein aus Platzgründen nicht alle aufgeführt werden können. Zwei Beispiele seien dennoch genannt, womit natürlich – dies sei ausdrücklich betont – keine Abwertung der Nichtgenannten verbunden ist.

a) Bildungswerke der Wirtschaft

Zahlreiche Unternehmen und Arbeitgeber- beziehungsweise wirtschaftspolitische Verbände haben sich zu den sogenannten Bildungswerken der Wirtschaft zusammengeschlossen, die es in den alten Bundesländern bereits seit längerem gibt und die sich inzwischen auch in den neuen Bundesländern angesiedelt haben.

Die Mitgliedschaft in diesen Bildungswerken kann jedes Unternehmen und jeder Verband erwerben, es können aber auch Einzelpersonen Fördermitglieder werden.

Die Ziele der Bildungswerke der Wirtschaft sind:
die Durchführung von Bildungsveranstaltungen, Seminaren, Lehrgängen, Trainings, Praktika, Workshops und Managementkursen zur Erwachsenenqualifizierung der Beschäftigten

in den Unternehmen sowie zur Weiterbildung von Personen und Personengruppen außerhalb der Unternehmen.
Angeboten werden zum Beispiel – je nach Bildungswerk unterschiedlich – Grundkurse in Hydraulik/Pneumatik und Speicherprogrammierbarer Steuerung (SPS), Fortbildung zum Industriekaufmann oder Datenverarbeitung in der kaufmännischen Sachbearbeitung, aber auch Datenbankanwendung und Textverarbeitung oder Aufstiegsqualifizierung und Anpassungsausbildungen zum Sachbearbeiter für betriebliches Steuerwesen oder zum Industriemeister Metall.
Nach der Adresse des nächstgelegenen Bildungswerkes erkundigen Sie sich am besten bei Ihrem Arbeitsamt.

b) Rationalisierungs-Kuratorium der deutschen Wirtschaft e. V. (RKW)

Das »Rationalisierungs-Kuratorium der deutschen Wirtschaft« (RKW), das ebenfalls inzwischen in allen neuen Bundesländern vertreten ist, ist eine von Wirtschaft und öffentlicher Hand getragene Gemeinschaftseinrichtung. In den alten Ländern zählt das RKW mit etwa dreitausend Veranstaltungen und etwa fünfzigtausend Teilnehmern pro Jahr zu einem der bedeutendsten Träger der beruflichen Weiterbildung. Vor allem künftige Fach- und Führungskräfte können Kurse in Unternehmensführung, Fertigung/Technik/Umweltschutz, Materialwirtschaft, Absatzwirtschaft, Finanzierung, Rechnungswesen und Recht besuchen. Das RKW in den neuen Ländern führt derzeit auch zahlreiche, vom Bundeswirtschaftsministerium geförderte Fortbildungen durch.

Rationalisierungs-Kuratorium der Deutschen Wirtschaft
Düsseldorfer Straße 40
Postfach 5867
W – 6236 Eschborn
Tel.: (06196) 495-303 oder -304

3. Gewerkschaften

Auch die Gewerkschaften warten mit einem großen Weiterbildungsangebot auf. Zu unterscheiden sind hierbei die Einrichtungen der Deutschen Angestellten-Gewerkschaft (DAG), nämlich das Bildungswerk (BW) der DAG und die Deutsche Angestellten Akademie (DAA) und die Einrichtungen des Deutschen Gewerkschaftsbundes (DGB), nämlich die Berufsfortbildungswerke (bfw).
Ein großer Teil der Lehrgangsangebote der Gewerkschafts-Weiterbildungsinstitute richten sich an von Arbeitslosigkeit bedrohte oder von Arbeitslosigkeit betroffene Arbeitnehmer und Arbeitnehmerinnen.

a) Berufsfortbildungswerke
Schwerpunkte der Berufsfortbildungswerke (bfw) sind in den alten Bundesländern Umschulungen und Fort- und Weiterbildungslehrgänge in technisch-gewerblichen und kaufmännisch-verwaltenden Berufen sowie für Berufe im Erziehungs-, Sozial- und Gesundheitswesen.
Auch in den neuen Bundesländern existiert inzwischen ein großes Netz an Berufsfortbildungswerken. Die Lehrkräfte der bfw sind zum einen in Übungsfirmen und -werkstätten tätig, zum anderen werden in den Berufsbildungsstätten zahlreiche Einzellehrgänge, zum Teil als Fortbildungen, zum Teil als Umschulungen angeboten, zum Beispiel für Köche, Restaurant- und Hotelfachleute, Maurer, Gärtner, Gas- und Wasserinstallateure oder Berufskraftfahrer. Auf dem Programm stehen aber auch EDV-Lehrgänge, Basiswissen Steuerrecht und Anpassungsqualifizierungen für Bauingenieure und für kaufmännische Berufe, wobei die Angebote regional unterschiedlich sind.

Ist Ihnen die Adresse des nächstgelegenen bfw nicht bekannt, erhalten Sie Informationen beim:

Berufsfortbildungswerk
Gemeinnützige Einrichtung des DGB GmbH
Schimmelbuschstraße 55
4006 Erkrath 2
Tel.: (02/104) 499-0

b) Bildungswerk der Deutschen Angestellten-Gewerkschaft (BW) Deutsche Angestellten-Akademie (DAA)
In den alten Ländern zählen diese Einrichtungen zu den wichtigsten, was die Weiterbildung betrifft. Sie sind in fast jedem größeren Ort zu finden. Angeboten werden zum einen Umschulungslehrgänge, zum Beispiel in den Berufsbereichen Groß- und Einzelhandelskaufmann/-frau, Speditions-, Werbe-, Datenverarbeitungs-, Reiseverkehrs- oder Versicherungskaufmann/-frau, Software-Entwickler und Steuerfachgehilfe. Zum anderen stehen Fortbildungslehrgänge, zum Beispiel in Außenwirtschaft oder Marketing, aber auch IHK-Prüfungskurse für Bürokaufleute, Bankkaufleute, für Fremdsprachensekretärinnen oder Wirtschaftsinformatiker, auf dem Programm. Ein breites Feld nehmen in der Regel auch die elektronische Datenverarbeitung und das Rechnungs- bzw. Steuerwesen und Sprachen ein.
In den neuen Ländern konzentrieren sich die Aktivitäten zur Zeit noch stark auf Berufsorientierungs- und Informationsseminare, auf kaufmännische Qualifizierungslehrgänge, Weiterbildungsveranstaltungen im Bereich Datenverarbeitung sowie Lehrgänge für Beschäftigte im Gesundheits- und Sozialwesen.
Die Deutsche Angestellten-Akademie, der Computer-Konzern Siemens Nixdorf und die TÜV-Akademie Ostdeutschland (Mitglied der westdeutschen TÜV-Rheinland-Gruppe) haben

sich zudem zu einer Kooperation zusammengeschlossen, um, wie es heißt, eine »wirksame und effiziente Unterstützung« bei der Bewältigung des Qualifizierungsprozesses in den neuen Ländern zu leisten.
Informationsmaterial und Adressen erhalten Sie bei Ihrer Gewerkschaft vor Ort oder beim

Bildungswerk der DAG e. V.
Deutsche Angestellten-Akademie
Holstenwall 5
2000 Hamburg 36
Tel.: (040) 35094-0
oder bei der

Zentralen Lehrgangsberatung
TÜV Akademie Ostdeutschland GmbH
Siemens Nixdorf
Deutsche Angestellten-Akademie
Bahrensdorfer Straße 31
O – 1230 Beeskow

4. Volkshochschulen

Die Volkshochschulen dürften wohl das flächendeckendste Netz an Weiterbildungseinrichtungen in der Bundesrepublik haben. Den Bildungshungrigen in den alten Ländern ist das Angebot wohlbekannt: Es reicht, was den beruflichen Bereich betrifft, von Sprach-, EDV-, Wirtschafts-, Rechts- und Steuerkursen bis hin zu der Möglichkeit, Schulabschlüsse nachzuholen.
Standen in den Volkshochschulen der ehemaligen DDR hauptsächlich der Zweite Bildungsweg und Kurse im Bereich der kulturellen Bildung und im beruflichen Weiterbildungsbereich

(dort hauptsächlich die Fortbildung für Sekretärinnen) im Vordergrund, hat sich das Bild gründlich gewandelt: Es herrscht nun eine größere Vielfalt an Fortbildungsangeboten, aber auch an Umschulungen, die über das Arbeitsamt finanziert werden, zum Beispiel:
- Lehrgang Fremdsprachenkaufmann/fremdsprachlicher Korrespondent
- EDV-Anwenderpaß »Büro und Verwaltung«,
- Industriemeisterkurs Fachrichtung Elektrotechnik
- Industriemeister Fachrichtung Metall,
- Ökologie im Kontaktstudium,
- Umweltschutz-Assistent,
- Vollzeitlehrgang Umweltberater,
- Fachlehrgang Touristikfachwirt,
- Projekt EDV-Übungswerkstatt,
- Bürokaufmann/-frau.

Daneben stehen auf dem Programm nebenberufliche Fortbildungsangebote wie westeuropäische Fremdsprachen, Steuer-, Miet-, Versicherungs- und Arbeitsrecht, Volks- und Betriebswirtschaft (insbesondere kaufmännisches Rechnungswesen, Betriebsorganisation etc.), aber auch Informatik (Textverarbeitung, Anwenderprogramme, Programmiersprachen).

Der Vorteil von Volkshochschulen ist zweifelsohne, daß die Kursgebühren sehr günstig und damit für jeden tragbar sind. Die Kurse der Volkshochschulen werden in der Regel zu einem Drittel aus Landeszuschüssen, zu einem Drittel aus kommunalen Zuschüssen und zu einem Drittel aus Teilnehmergebühren finanziert. Diese Teilnehmergebühren wiederum werden, wenn die Voraussetzungen vorliegen, vom Arbeitsamt im Rahmen des Arbeitsförderungsgesetzes bezahlt. Der Nachteil: Häufig sitzen zu viele Teilnehmer mit sehr unterschiedlichem Vorwissen in den Kursen, so daß sich ein Lernerfolg manchmal nur langsam erzielen läßt.

5. Industrie- und Handelskammern und Handwerkskammern

Über ein breites Angebot an Fortbildungs- und Umschulungsmaßnahmen verfügen auch die Industrie- und Handelskammern und die Handwerkskammern.
Beiden gemeinsam ist, daß sich große Teile des Angebots sehr stark nach den regionalen Gegebenheiten, also nach der Wirtschaftsstruktur vor Ort richten.

a) Industrie- und Handelskammern
Angeboten werden hier vor allem:
- Seminare und Weiterbildungskurse im kaufmännischen und industriell-technischen Bereich,
- Zertifikatslehrgänge im kaufmännischen und industriell-technischen Bereich,
- Anpassungsweiterbildung zur Vermittlung berufs- und arbeitspädagogischer Kenntnisse für Ausbilder,
- Umschulung und Anpassungsfortbildung.

Die Fachrichtungen beziehungsweise das Kursangebot ist dabei breit gefächert. So werden beispielsweise IHK-Kurse und Seminare angeboten mit Titeln wie »Einführung in die Kosten- und Leistungsrechnung«, »Buchführung«, »Sekretärinnenschulung«, »Verkäuferschulung«, »Marketing«, »Erfolgreich bewerben«, »Erfolgreiche Planungsmethoden für mittelständische Unternehmen«, »Unternehmen und Umweltschutz/Gewässerschutz«, »Kommunikationstechniken«, »Recht und Steuer«, »Personalwesen«, »Computerkurse für Einsteiger«, »Buchhaltung mit EDV« und »Zweitagesseminar für Einsteiger ins Gastgewerbe«.
Im Rahmen von IHK-Lehrgängen reicht das Spektrum von Speicherprogrammierbare Steuerung über Ausbildung der

Ausbilder, Recht, Statistik und Computerunterstützter Textverarbeitung bis hin zu Spezialkursen für Fachleute aus dem Hotel- und Gaststättengewerbe wie »Getränkekunde Deutsche Weine« und »Umgang mit Gästen und Mitarbeitern«.
Zudem werden Industrie- und Handelskammerprüfungen zum Beispiel für Werkschutzfachkräfte, Pharmareferenten, Industriemeister Metall oder Elektrotechnik und für Sekretärinnen durchgeführt.
Bei vielen Kursen ist eine Förderung nach dem Arbeitsförderungsgesetz möglich. Fragen Sie bei den Kammern auch nach weiteren Förderungsmöglichkeiten. Wo es keine finanziellen Hilfen gibt, können Sie die Aufwendungen später aber von der Steuer absetzen (siehe Kapitel »Finanzämter«).

b) Handwerkskammern
Die Programme sind, wie bei Industrie- und Handelskammern auch, regional sehr unterschiedlich.
Je nach ansässigen Handwerksbetrieben beziehungsweise nach Wirtschaftsstruktur können Kurse in Sonderlackierung und Siebdruckarbeiten, in moderner Technologie für KFZ-Mechaniker, Kunststoffverarbeitung oder Einführung in die Ölbrenntechnik für Heizungsmonteure besucht werden, aber auch Gestaltungsseminare für Steinmetze und Steinbildhauer, Vorbereitungskurse für Maurer, Steuerungs- und Regelungstechnik oder Gas- und Wasserinstallationstechnik, um nur ein paar Beispiele zu nennen. Außerdem stehen Existenzgründungsseminare und Rhetorikseminare genauso auf dem Programm wie Besprechungstechnik und Verhandlungsführung, Arbeitsorganisation im Handwerksbüro, EDV-Grundkurse, Betriebsinformatik und perfekter Kundendienst und natürlich verschiedene Meisterkurse.
Da die Industrie- und Handels- und die Handwerkskammern auch zuständig sind für die Abnahme von öffentlich-rechtlichen

und auch zum Teil staatlich anerkannter Prüfungen, zum Beispiel von Meisterprüfungen (siehe Kapitel Bildungssystem), sind dort natürlich die Prüfungsbedingungen bestens bekannt. Sie können also sicher sein, daß die jeweiligen Fortbildungs- und Umschulungsmaßnahmen auch optimale Vorbereitungen sind.

Die jeweiligen Programme können Sie bei Ihrer nächstliegenden Kammer anfordern (Adressen im Anhang).

6. Private Anbieter

Dies können zum Beispiel Privatschulen sein, die ihren Schwerpunkt auf berufliche Weiterbildung gelegt haben, aber auch private Managementinstitute.

a) Private Weiterbildungsinstitute bzw. Privatschulen

Viele Institutionen sind Mitglied des Bundesverbandes der Deutschen Privatschulen, wobei das Schwergewicht auf Bildungseinrichtungen liegt, die berufliche Aus- und Fortbildung anbieten. Der Bundesverband der Deutschen Privatschulen vertritt zwar in erster Linie die Interessen der Privatschulen, achtet aber, so heißt es in den Leitlinien, vor allem auch gleichzeitig bei seinen Mitgliedern darauf, daß Lehrpersonal, Ausstattung und Vertragsbedingungen angemessen sind und daß eine seriöse Werbung und Selbstdarstellung betrieben wird.

Wer Wirtschaftsassistent(in), staatlich geprüfte(r) Betriebswirt(in), Altenpfleger(in), Pharmazeutisch-technische(r) Assistent(in), Industriekaufmann oder -kauffrau oder Kosmetikerin werden will, gehört genauso zur Zielgruppe wie diejenigen, die an Verkaufsschulungen, kaufmännischen Lehrgängen, Akademikerfortbildungen, gewerblich-technischen Lehrgängen und Umwelttechnik oder an Meisterschulungen im gewerblich-technischen Bereich interessiert sind. Natürlich fehlen auch Fremdsprachenkurse und die Ausbildung zur Fremdsprachensekretärin nicht.

Die angebotenen Sachgebiete beziehungsweise Fachrichtungen können dabei je nach Region, wie bei allen anderen Weiterbildungsträgern auch, völlig unterschiedlich sein.

Interessieren Sie sich für eine Teilnahme an einem Kurs einer Privatschule, vergleichen Sie auf alle Fälle, wie bei allen Weiterbildungsangeboten, die Preise und die Leistungen (siehe Qualitätskriterien), fragen Sie aber auch – besonders bei längerfristigen Maßnahmen – nach der Qualifikation und der Ausbildung der Lehrkräfte. Denn wie gesagt, eine private Schule kann zunächst jeder eröffnen.

Auskünfte über einzelne Bildungsangebote, über Anfangstermine und über Kosten erteilen die jeweiligen Schulen. Adressen von Privatschulen und weitere Informationen erhalten Sie auch beim Bundesverband Deutscher Privatschulen. Wenn Sie eine neue Ausbildung beginnen, ist es besonders wichtig, daß Sie sich nach staatlicher Anerkennung und nach Förderungsmöglichkeiten erkundigen.

Dies können Sie entweder beim Bundesverband der Privatschulen oder bei dessen Landesorganisationen tun. Ratsam ist es auch, sich bei den Kammern oder bei den Arbeitsämtern kundig zu machen – auch darüber, ob in absehbarer Zeit mit einer staatlichen Anerkennung zu rechnen ist, falls diese noch nicht vorliegt.

Bundesgeschäftsstelle des
Verbandes Deutscher Privatschulen (VDP)
Hermannstraße 32
W-6000 Frankfurt am Main 1
Tel.: (069) 598067

Für alle privaten Weiterbildungsinstitute gilt: Vergleichen Sie die Angebote, vor allem die Vertragsbedingungen und die Kosten (siehe Checkliste, Kapitel »Wie unterscheiden Sie ein gutes von einem schlechten Angebot«).

b) Managementinstitute

Die Zahl der privaten Weiterbildungseinrichtungen, die Managementkurse anbieten, ist kaum mehr überschaubar. Experten gehen von vier- bis fünfhundert Instituten aus, die Unternehmensführung- und Personalführung, Marketing und Recht und volkswirtschaftliches Wissen vermitteln wollen.

Zu unterscheiden sind bei den Angeboten:
- Seminare
- Trainings
- Tagungen

Die Unterschiede kurz zusammengefaßt:
In **Seminaren** wird in der Regel reines Fachwissen vermittelt, so unter anderem Marketing, Recht oder Personalwesen. Daß sie auch wirklich viel lernen, hängt in erster Linie von der Qualifikation der Dozenten und der Referenten ab. In der Regel dauern Seminare zwischen einem Tag und höchstens zwei Wochen. Achten Sie bei Seminaren darauf, daß im Programm auch genügend Zeit für Ihre eigenen Fragen und eventuell für das Erarbeiten von Fallbeispielen vorgesehen ist. Eine Fülle von Einzelvorträgen, die nacheinander abgehalten werden, genügen in der Regel nicht, um Ihnen das notwendige Wissen wirklich vertiefend zu vermitteln.

Trainings sind dazu da, Ihnen vor allen Dingen bestimmte Verhaltensregeln und Fertigkeiten beizubringen, die weniger mit dem Erlernen reinen Fachwissens zu tun haben. Allgemein kann man Trainings in Verkaufsschulungen, Kommunikations-

und Führungsschulungen und Schulungen in Arbeitstechnik unterteilen. Ein Beispiel für eine Verkaufsschulung wäre »Optimaler Umgang mit dem Kunden«, bei Kommunikationsschulungen könnte es sich um Rhetorikkurse handeln, nehmen Sie an einer Führungsschulung teil, könnte ein Thema »Personalführung« heißen, und bei der Vermittlung von Arbeitstechniken könnte es darum gehen, daß Sie lernen, besser mit Ihrer Zeit umzugehen.
Bei einem Training sollten Sie darauf achten, daß die Teilnehmerzahl nicht höher als zwölf ist, damit Sie ausreichend Gelegenheit haben, das Gelernte anhand von Fallbeispielen und Rollenspielen einzuüben. Zudem sollten die Trainer über praktische Berufserfahrung verfügen, sei es im Vertrieb oder im Verkauf und/oder über ein abgeschlossenes Hochschulstudium.
Bei **Symposien und Tagungen** geht es zwar, ähnlich wie bei Seminaren auch, um die Vermittlung von Fachwissen. Diese Art der Veranstaltungen haben aber auch das Ziel, Kontakte zu anderen Teilnehmern aus einem bestimmten Fachgebiet oder einer bestimmten Branche anzuknüpfen beziehungsweise zu vertiefen. Symposien und Tagungen bieten die verschiedensten Interessensgruppen an, und es gibt nahezu kein Fachgebiet, das ausgeschlossen ist. Eine Teilnehmerzahl von mehreren hundert ist dabei durchaus keine Ausnahme.

Was Sie bei der Auswahl von Managementkursen vor allem beachten sollten:
– Eine gut gemachte Hochglanzbroschüre ist noch kein Qualitätskriterium.
– Detailliert aufgeführte Programmziele.
– Vorsicht vor Versprechungen wie »In zwei Tagen zur vollkommen neuen Persönlichkeit«. Dies können auch die besten Referenten nicht leisten!

- Ein Seminar, das sich nicht an eine bestimmte Zielgruppe richtet und keine bestimmten Vorkenntnisse nennt, sondern »offen für jedermann« ist, bringt Ihnen bestimmt nicht viel, da nicht genügend auf individuelle Wissensdefizite beziehungsweise einigermaßen einheitliche Vorkenntnisse der Teilnehmer eingegangen werden kann.
- Vorsicht auch, wenn das Programm Ihnen viel Freizeit oder sogar Erholung anbietet! In einem seriösen Seminar wird sehr intensiv gearbeitet, oft bis in den späten Abend hinein. Viel Zeit für andere Aktivitäten bleibt Ihnen in der Regel nicht.
- Sehr wichtig ist die Qualifikation der Referenten. Scheuen Sie sich nicht, wenn Referenzen angegeben sind, also eine bestimmte Firma als Auftraggeber oder ehemalige Teilnehmer genannt werden, sich dort nach den Erfahrungen zu erkundigen. Schließlich ist die Fort- und Weiterbildung im Management keine billige Angelegenheit!
- Fragen Sie auch, ob Sie nach dem Seminar oder nach dem Training ein Zertifikat bekommen, das so aussagekräftig ist, daß es für Sie und Ihren Arbeitgeber sinnvoll ist.

Auch wenn Sie den Besuch eines Managementseminars planen, gilt: Gehen Sie die Checkliste »Wie unterscheiden Sie ein gutes von einem schlechten Angebot« durch.

Folgende Fragen sollten Sie sich jetzt – zusammengefaßt – beantworten:

1. Sind die Programmziele genau genannt?
   _____

2. Ist die Zielgruppe genannt?
   _____

3. Ist die Teilnehmerzahl genannt?
   _____

4. Welche Qualifikation hat das Lehrpersonal? Sind Referenzen angegeben?

5. Sind die Kosten detailliert aufgeführt? Sind alle Nebenkosten, zum Beispiel auch für Lehrmaterial, im Preis enthalten, oder müssen Sie mit Extraausgaben rechnen? Wieviel müssen Sie bei einem unvorhergesehenen Rücktritt vor Seminarbeginn zahlen?

6. Wird Ihnen ein aussagekräftiges Zertifikat zugesagt?

V. Wo finden Sie ein bestimmtes Weiterbildungsangebot?

Vielleicht haben Sie sich entschieden, Fremdsprachensekretärin zu werden, einen Meisterkurs zu absolvieren oder einen Datenverarbeitungskurs zu belegen. Nun sind Sie auf der Suche nach einem Weiterbildungsinstitut oder nach einer Schule, die den von Ihnen gewünschten Kurs anbietet.

Eine Möglichkeit sind die »Einrichtungen zur beruflichen Bildung«, die den Arbeitsämtern zur Verfügung stehen. Eine Hilfestellung können auch sogenannte Datenbanken leisten, in denen zahlreiche Angebote gespeichert sind und bei denen man anhand eines Suchwortes, beispielsweise eines Berufes oder eines Ortes, gezielt ein Angebot »aufspüren« kann. Und natürlich können Sie sich auch an Anzeigen orientieren.

1. Einrichtungen zur beruflichen Bildung (EBB)

Eine Anlaufadresse können die »Einrichtungen zur beruflichen Bildung« (EBB) sein. Hierbei handelt es sich um das zentrale Nachschlagewerk der Bundesanstalt für Arbeit, das Adressen und detaillierte Angebote der meisten Weiterbildungsträger vor Ort enthält. Für die neuen Bundesländer und Berlin (Ost) wurde inzwischen ein Sonderband herausgegeben. Er umfaßt (ohne Hochschulen, die in einem Extraband genannt werden) über tausenddreihundert Seiten.

Das Nachschlagewerk enthält vor allem:
- allgemeines zu den Bildungseinrichtungen in der Bundesrepublik Deutschland,
- Allgemeinbildung und berufliche Grundbildung,

- Berufsausbildung und Umschulung,
- berufliche Weiterbildung,
- Ausbildung zum Betriebswirt, Fachwirt, Fachkaufmann/frau,
- Ausbildung zum Meister (mit den generellen Bestimmungen für die Meisterprüfung im Handwerk und in der Industrie),
- Techniker und zugehörige Sonderfachkräfte,
- Ortsregister,
- alphabetisches Register,
- wichtige Adressen und Anschriften von Bildungsträgern.

Sind Sie also auf der Suche nach einem ganz bestimmten Bildungsangebot, wollen Sie nachschauen, welche Teilnahmevoraussetzungen für den von Ihnen anvisierten Berufsabschluß oder für eine Prüfung notwendig sind, oder wollen Sie einfach nur wissen, ob und wo es ein bestimmtes Fortbildungs- oder Umschulungsangebot in Ihrer Nähe gibt, können Sie sich von Ihrem Arbeitsberater anhand des Nachschlagewerkes »EBB« informieren lassen.

2. Weiterbildungs-Informations-System (WIS)

Ob Sie sich für einen Fremdsprachenkurs interessieren, ob Sie einen Grundkurs in Datenverarbeitung absolvieren wollen oder ob Sie Wirtschafts- oder Steuerrecht lernen möchten – wenn Sie sich konkret für ein Bildungsziel entschieden haben, beginnt die Schwierigkeit, unter den zahlreichen Anbietern den richtigen zu finden. Abhilfe verspricht hier in den alten Bundesländern seit Januar 1990 das »Weiterbildungs-Informations-System«, kurz WIS, das der Deutsche Industrie- und Handelstag (DIHT) und der Zentralverband des Deutschen Handwerks (ZDH) eingerichtet haben. In der elektronischen Datenbank, die zunehmend auch in den neuen Ländern bei Industrie- und Handelskammern und Handwerkskammern eingerichtet wird, sind zahlreiche berufsbezogene Weiterbildungs- und Fortbildungsangebote von Kammern und von privaten und öffentlichen Trägern gespeichert, und zwar sowohl längerfristige Seminare als auch Kurzzeitlehrgänge.

Zu finden sind in der Datenbank WIS:
- Veranstaltungen zur beruflichen Weiterbildung für die Wirtschaft,
- Veranstaltungen für Berufstätige und für diejenigen, die eine neue Berufstätigkeit anstreben,
- berufsbezogene Sprachkurse aus dem kaufmännischen und aus dem gewerblich-technischen Bereich.

Nicht zu finden sind:
- Umschulungen als Vorbereitung auf Kammerprüfungen,
- Ausbildung,
- allgemeine Weiterbildung, zum Beispiel Hobbykurse,
- politische Weiterbildung.

Statt mühsam zahlreiche Seminarkataloge zu wälzen, um zum Beispiel einen bestimmten Sprachkurs ausfindig zu machen, genügt jetzt die Eingabe eines »Suchwortes«. Suchwörter wären beispielsweise »Wirtschaftsenglisch«, »Führungsnachwuchstraining«, »Handelsfachwirt«, »Vorbereitungslehrgang auf die Ausbilder-Eignungsprüfung«, »Betriebswirtschaftliche Führung eines Betriebes«, »Geprüfter Polier im Hochbau/Tiefbau/Ausbau«, »Vorbereitung auf die Meisterprüfung im KFZ-Mechaniker-Handwerk« usw.

Besteht ein entsprechendes Angebot, druckt der Computer die Zielgruppe (z. B. KFZ-Mechaniker-Gesellen, Führungskräfte, Sekretärinnen, Baufachleute), den eventuell möglichen Abschluß (KFZ-Meister, geprüfte IHK-Sekretärin), den Veranstalter, die Adresse und die Telefonnummer des Veranstalters und den Ansprechpartner, die Seminardauer (Vollzeit, Teilzeit oder berufsbegleitend, also zum Beispiel abends oder am Wochenende), den Preis, das Seminarziel (z. B. Verbesserung der Qualität des Führungsverhaltens) und die Zulassungsvoraussetzungen (z. B. »Eine mit Erfolg abgeschlossene Berufsausbildung in einem anerkannten Ausbildungsberuf«) falls der Kurs mit einer anerkannten Prüfung endet.

Die Suche nach einem entsprechenden Kurs ist für Sie kostenlos. Zahlen müssen nur diejenigen, die ihren Kurs in das Weiterbildungs-Informations-System eingeben.

Vorsicht: Über die Qualität der im System gespeicherten Veranstaltungen wird nichts ausgesagt, da die Kammern »Neutralität« wahren wollen. Fordern Sie also auch hier von den Veranstaltern zunächst genaue Programmbeschreibungen an, und vergleichen Sie die Bedingungen (Kosten, Dauer, möglicher Abschluß, Vertragsdauer usw. – siehe auch Qualitätsmerkmale). Dies ist um so wichtiger, je länger die Maßnahme dauert.

3. »KURS« (Weiterbildungsdatenbank des Arbeitsamtes)

Auch die Arbeitsämter verfügen inzwischen über eine Aus- und Weiterbildungsdatenbank. »Kurs« nennt sich diese Einrichtung, die in jedem Berufsinformationszentrum der Arbeitsämter zu finden ist und dort von Interessierten kostenlos benutzt werden kann. Enthalten sind in der Datenbank rund 13 500 Bildungsziele, 110 000 Bildungseinrichtungen und rund 300 000 einzelne Bildungsmaßnahmen. Per Tastendruck sind Informationen abrufbar über:

– allgemeinbildende Abschlüsse,
– berufliche Grundausbildung,
– Berufslehrgänge mit dem Ziel Meister, Techniker, Betriebswirt oder Fachwirt,
– Übungswerkstätten,

- Übungsfirmen,
- Studiengänge an Hochschulen,
- Trainingsprogramme,
- Umschulungsmöglichkeiten,
- Weiterbildungsmaßnahmen.

Sie erfahren in der Datenbank »Kurs« zwar alles Wichtige über Veranstalter und Träger, Inhalte und Themenschwerpunkte, Zielgruppe, Zugangsvoraussetzungen und Abschluß, Veranstaltungsort und Ansprechpartner, Termine, Dauer, Kosten und Gebühren.

Wie beim Weiterbildungssystem »WIS« der Industrie- und Handelskammern und Handwerkskammern sagt aber auch das System des Arbeitsamtes nichts über die Qualität der Bildungsmaßnahme aus, so daß Sie, wenn Sie den Besuch eines privaten Institutes oder einer Privatschule erwägen, die Checkliste »Wie unterscheide ich ein gutes von einem schlechten Angebot« beachten sollten.

Übrigens: Damit Sie stets auf die neuesten Angebote zurückgreifen können, werden die Daten alle drei Monate bei öffentlichen und privaten Bildungseinrichtungen neu ermittelt und aktualisiert.

4. Anzeigen

Der Wettbewerb im Bildungswesen bringt es mit sich, daß auch hier kräftig per Zeitungs- oder Zeitschriftenanzeigen um Teilnehmer geworben wird. Anzeigen haben durchaus ihre Vorteile, können Sie doch in Ruhe zu Hause eine Vorauswahl treffen. Vor allem erhalten Sie einen ersten Überblick, gerade in den regionalen Tageszeitungen, welche Angebote es in Ihrer Gegend gibt. Ziel der Werbung ist jedoch an erster Stelle, Ihr Interesse zu wecken. Dabei wird von manchem Veranstalter mit blumigen Worten und mit Erfolgsversprechungen gelockt, die später dann nicht eingehalten werden können oder hinter denen etwas ganz anderes steckt.

Ein paar Extrembeispiele: »Werden Sie Datenverarbeitungskaufmann/frau in einem Monat«, »Erfolg ohne Lernen«, »Verändern Sie Ihre Persönlichkeit hin zum Guten«. Im ersten Fall ist das Angebot einfach unseriös, weil eine solche Ausbildung sehr viel länger dauert, das zweite Angebot verspricht etwas, was es nicht gibt, ist doch schließlich eine Fortbildung oder eine Umschulung, die später auf dem Arbeitsmarkt auch anerkannt ist, immer mit Lernen verbunden, und im dritten Beispiel könnte es sich um die versteckte Werbung einer religiösen Sekte handeln, die Ihre Persönlichkeit in ihrem Sinne beeinflussen möchte und die Ihnen dafür auch noch viel Geld abverlangt. Wenn es in Anzeigen heißt, daß die Erfolgsquote der Teilnehmer extrem hoch sei, fragen Sie ruhig nach, wie diese Erfolgsquote gemessen wurde. Vor allem bei solchen Angeboten ist Vorsicht geboten, die nicht mit einer staatlich anerkannten Prüfung abschließen. Denn wie soll man schließlich dort »Erfolg« definieren?

Lesen Sie Anzeigen also kritisch! Ein seriöses Unternehmen wird nicht übertreiben mit allzu schönen Worten werben, sondern das Angebot sachlich darstellen. Was in nahezu allen Inseraten fehlt, ist eine Angabe über die Höhe der Kosten. Die erfahren Sie, wenn Sie sich die jeweiligen Programme zusenden lassen. Dies gilt in der Regel nicht für Sprachreisen. Hier treten die Unternehmen bereits in den Anzeigen in harte Konkurrenz miteinander. Achten Sie allerdings darauf, ob es sich auch wirklich um den Endpreis handelt (siehe Sprachreisen).

Vorsicht, wenn Ihnen ein Institut statt detailliertem Veranstaltungsangebot gleich einen Vertreter schickt. Es könnte durchaus sein, daß dieser versucht, sie zu etwas Ungewolltem zu überreden.

5. Weiterbildung an Hochschulen

Um Transparenz in das Dickicht der Weiterbildungsangebote im Hochschulbereich zu bringen, hat die Hochschulrektorenkonferenz (HRK) einen umfassenden Katalog erstellt. Die Übersicht enthält tausendeinhundert Angebote von über zweihundert Hochschulen in den alten und den neuen Bundesländern. Enthalten sind Aufbau-, Zusatz-, Ergänzungs- und weiterbildende Studien ebenso wie studienbegleitende Weiterbildungsmaßnahmen und Fernstudien. Einsehen können Sie das Buch bei Studienberatungsstellen, Akademischen Auslandsämtern und in Bibliotheken der Universitäten. Kostenlos erhalten Sie eine Kurzzusammenfassung bei der
Hochschulrektorenkonferenz
Ahrstraße 39
5300 Bonn 2
Tel.: (0228) 887-152

VI. Wie unterscheiden Sie ein gutes von einem schlechten Angebot?

1. Allgemeines

Ein privates Weiterbildungsinstitut kann jeder aufmachen, der sich dazu befähigt fühlt – und das müssen nicht immer die Besten sein. In der Regel besteht eine Bildungseinrichtung, die nur verspricht, aber nichts hält, nicht lange, meist aber doch so lange, daß mancher Teilnehmer im wahrsten Sinne des Wortes teures Lehrgeld bezahlt. Auch wenn ein schlechtes Institut bald aufgeben muß: An einem Geschäft, das derzeit so wächst wie der Weiterbildungsmarkt, vor allem in den neuen Bundesländern, sind viele interessiert, so daß einfach andere Institute unter neuem Namen eröffnet werden. So sind inzwischen Fälle bekannt, daß sich in den neuen Bundesländern Firmen ansiedeln, die in der alten Bundesrepublik in Konkurs gegangen sind – eben weil sie die Qualitätskriterien einer guten Weiterbildung nicht erfüllt haben. Nun bedeutet das natürlich nicht, daß jeder, der ein neues Institut gründet und Weiterbildung anbietet, ein »schwarzes Schaf« ist.
Wie aber unterscheiden Sie ein gutes von einem schlechten Angebot? Es gibt hier durchaus Kriterien, denen ein solides Unternehmen genügen sollte.
Bevor Sie sich überhaupt auf eine Fortbildung oder auf eine Umschulung einlassen, prüfen Sie zunächst auf alle Fälle Ihre Interessen und Ihre bisherigen beruflichen Stärken und Schwächen. Holen Sie auch Informationen darüber ein, ob das von Ihnen anvisierte Ziel, also die berufliche Neu- oder Weiterorientierung, auf dem Arbeitsmarkt künftig gefragt ist (siehe Kapitel »Wer informiert über die Arbeitsmarktsituation?«).

Haben Sie dann eine bestimmte Richtung ausgewählt, sollten Sie folgendes grundsätzlich berücksichtigen:

a. Lassen Sie sich Angebote von mehreren Weiterbildungsträgern geben oder am besten zusenden, und prüfen Sie alles in Ruhe zu Hause. Vergleichen Sie Preise und Leistungen, vor allem auch die Nebenkosten. Es gibt Fälle, in denen zwar die Kursgebühren im Vergleich zu anderen Instituten sehr gering sind. Das Angebot ist aber nur vermeintlich günstiger, da Ihnen ein Vielfaches der Kursgebühren für Lehrmaterial abgenommen wird, und das könnte beim Konkurrenten bereits im Preis enthalten sein. Versteifen Sie sich aber auf keinen Fall auf absolute »Billigangebote« – guter Unterricht kostet nun einmal seinen Preis, vor allem, wenn qualifiziertes Lehrpersonal und die neuesten Lehrmittel eingesetzt werden. Achten Sie darauf, ob Ihnen das Institut bei längerer Kursdauer eine angemessene Ratenzahlung zusagt. Auf unverhältnismäßig hohe Vorauszahlungen sollten Sie sich auf keinen Fall einlassen.

b. Haben Sie nach der Prüfung der Unterlagen Interesse für bestimmte Kurse, gehen Sie am besten persönlich zu den Veranstaltern. Je ausführlicher Sie beraten werden, je mehr Zeit sich das Unternehmen für Sie nimmt, desto höher ist die Wahrscheinlichkeit, daß auch in einem Kurs auf Ihre Bedürfnisse eingegangen wird.

c. Achten Sie spätestens in dem Gespräch darauf, ob die genaue Dauer des Lehrgangs und die persönlichen Voraussetzungen genannt werden, zum Beispiel, ob Sie berufliche Vorbildungen und wenn ja, welche, mitbringen müssen. So setzen beispielsweise Industrie- und Handelskammern und Handwerkskammern für eine Meisterprüfung Vorkenntnisse, zum Beispiel eine Berufsausbildung und eine bestimmte Anzahl an Berufsjahren voraus, um anerkannte Prüfungen ablegen zu können.

Wichtig ist also: Gibt das Institut ein detailliertes Lernziel an,

zum Beispiel das Erreichen eines Schulabschlusses, eines Sprachzertifikates, Bausteine für einen Kammerabschluß?
Wenn ja: Das Weiterbildungsinstitut muß idealerweise vor Ihrer Teilnahme prüfen, ob Sie die Zulassungsvoraussetzungen erfüllen und auch die Teilnehmer bei einer Industrie- und Handelskammer oder Handwerkskammerprüfung anmelden, wenn diese Prüfung Ziel des Kurses ist.

d. Schließen Sie nicht sofort den Vertrag ab, sondern nehmen Sie ihn mit nach Hause. Vorsicht ist angebracht, wenn der Veranstalter Sie zu einem sofortigen Vertragsabschluß drängen möchte, zum Beispiel mit der Begründung, es seien nur noch wenige Plätze frei. Ein seriöses Unternehmen wird Sie zu nichts überreden wollen – vor allem dann nicht, wenn der Kurs lange dauert, vielleicht über zwei Jahre, sondern man wird Ihnen die Unterrichtsräume zeigen, Sie im Idealfall an einer unverbindlichen Probestunde teilnehmen lassen und mit Ihnen – besonders wichtig bei Sprachkursen und EDV-Kursen – einen Einstufungs- bzw. Eignungstest machen. Denn: Was nutzt Ihnen ein Englischkurs, der Sie entweder völlig unterfordert oder überfordert und für den Sie teures Geld bezahlen? Oder was nutzt Ihnen eine Computerschulung, wenn Sie für diese Art der Arbeit überhaupt nicht geeignet sind? Je ausführlicher und übersichtlicher das Informationsmaterial, je genauer die Beratung, auch über eventuell mögliche finanzielle Förderungen ist, desto besser.

e. Vorsicht, wenn Ihnen »Wunder« versprochen werden, zum Beispiel, daß Sie eine Fremdsprache sozusagen »über Nacht« lernen können (siehe auch »Superlearning«). Aufpassen müssen Sie auch, wenn Ihnen kein konkretes Bildungsziel genannt wird. Heißt es zum Beispiel »Bei uns können Sie Ihr Allgemeinwissen verbessern«, dürfte Ihnen das später beruflich wenig weiterhelfen. Vielmehr sollten die Kursinhalte möglichst ausführlich und genau genannt sein.

f. Schlecht ist es, wenn der Personenkreis nicht genau genannt wird, an den sich das Seminar richtet. Heißt es zum Beispiel, daß der Kurs »offen für jedermann« ist, nehmen im Extremfall vom Hauptschüler bis zum Hochschulabsolventen, von der Sekretärin bis zum Diplomingenieur alle an der Maßnahme teil. Dann können Sie davon ausgehen, daß Sie im Bereich berufliche Fortbildung, vor allem dort, wo es um die Vermittlung von konkretem Fachwissen geht, nicht viel lernen, da sicherlich nicht ausreichend auf Ihre individuellen Bedürfnisse, Vorkenntnisse und Fähigkeiten eingegangen werden kann.

g. Qualitätsmerkmale sind auch die Qualifikation und die pädagogische Fähigkeit der Lehrenden. Fragen Sie das Weiterbildungsinstitut, welche Ausbildung und welche Erfahrung das Lehrpersonal hat. Lassen Sie sich möglichst Adressen von Teilnehmern geben. Sie sollten sich nicht scheuen, nachzufragen, ob diese mit dem Kurs zufrieden waren und was er ihnen gebracht hat. Manche Fortbildungsinstitute geben Ihnen auch sogenannte »Referenzlisten«, das heißt, es werden zum Beispiel Firmen genannt, bei denen das Institut betriebsinterne Schulungen durchgeführt hat. Auch hier gilt: Erkundigen Sie sich, ob die genannten Firmen zufrieden waren. Dies gilt insbesondere für langjährige Kurse, für die Sie viel Geld ausgeben.

h. Achten Sie auf die angegebene Teilnehmerzahl. Je höher diese ist, desto weniger bleibt den Lehrkräften Zeit, auf Ihre persönlichen Fähigkeiten oder Wissenslücken einzugehen. Optimal sind zehn bis fünfzehn Teilnehmer.

i. Vorsicht vor Klauseln wie »Der Kurs kann vom Arbeitsamt gefördert werden« und: »Ein Kammerabschluß ist möglich«. Am besten ist es, wenn es heißt, der Kurs wird vom Arbeitsamt gefördert und »er endet mit einer Kammerprüfung« (siehe auch »Das Berufsbildungssystem«).

k. Während es in den alten Bundesländern als Qualitätskriterium gilt, wenn ein Kurs vom Arbeitsamt finanziell gefördert

wird, kann man dies für die neuen Ländern noch nicht unbedingt sagen. Hier gelten faktisch auch die Qualitätsstandards der Bundesanstalt für Arbeit. Eine Maßnahme wird nur dann gefördert, wenn
- sie nach Dauer sowie Inhalt und Gestaltung des Lehrplanes geeignet ist, das Ziel der beruflichen Weiterbildung zu erreichen,
- die Ausgestaltung und die Unterrichtsmethoden der Maßnahme den Bildungsbedürfnissen der Teilnehmer sowie den Anforderungen der Berufspraxis entspricht,
- die Werkstätten und Unterrichtsräume den gesetzlichen Anforderungen und dem Stand der Technik sowie bezüglich ihrer Ausstattung den aktuellen Anforderungen der Praxis entsprechen und
- die Maßnahme nach den Grundsätzen der Wirtschaftlichkeit und Sparsamkeit geplant und durchgeführt wird, also nicht übermäßig teuer ist.

Zudem setzen die Arbeitsämter bei einer Förderung voraus, daß die Institution über fachlich und pädagogisch geeignetes Personal verfügt.

Dies wird auch in regelmäßigen Abständen kontrolliert, zum Beispiel durch Befragen der (ehemaligen) Teilnehmer oder durch Aufsuchen der Institution. Weitergefördert wird eine Maßnahme zudem nur dann, wenn sie bestimmte Erfolgskriterien erfüllt. Gefragt wird von den Arbeitsämtern nach Prüfungsergebnissen und der Zahl derjenigen, die nach dem Kurs eine Beschäftigung gefunden haben. Geforscht wird ebenso nach Gründen für einen vorzeitigen Austritt von Teilnehmern.

Bei der Vielzahl der neuen Maßnahmen aber, und vor allem aufgrund der kurzen Zeitspanne, seit es den Freien Weiterbildungsmarkt und damit zahlreiche neue Privatinstitute gibt und seit der immens hohen Zahl an Teilnehmern, können es auch die Arbeitsämter nicht ausschließen, daß sie manches »schwarze Schaf« fördern, das die Qualitätskriterien nicht in ausreichendem Maße erfüllt (siehe Vorwort). Für Sie bedeutet dies, daß Sie auch bei Kursen, die das Arbeitsamt fördert, noch einmal genau anhand dieser Checkliste die Qualitätskriterien prüfen, zum Beispiel genau darauf achten, wie die Unterrichtsräume ausgestattet sind und ob mit veraltetem Lehrmaterial gearbeitet wird, zum Beispiel mit Lehrbüchern, die nicht mehr auf dem neusten Wissensstand sind.

l. Prüfen Sie oder fragen Sie im Arbeitsamt nach, ob es realistisch ist, das Bildungsziel in der vom Institut genannten Zeit zu erreichen. Die »Aktion Bildungsinformation«, kurz ABI, (siehe nächstes Kapitel) warnt etwa vor Heilpraktikerkursen, die in den neuen Bundesländern für teures Geld angeboten werden und bei denen man erst durch genaues Studium des Kleingedruckten entdeckt, daß der Kurs nur dreihundert bis fünfhundert Stunden umfaßt. Dies sei noch nicht einmal ausreichend, um einem medizinisch-naturheilkundlichen Laien medizinisches Grundwissen, geschweige denn eine fundierte naturheilkundliche Ausbildung zu vermitteln. Die ABI warnt auch vor Kursen, die die sogenannten Dianetikzentren anbieten und die angeblich die Persönlichkeit vervollkommnen, die Intelligenz steigern und den einzelnen in die Lage versetzen, seine Fähigkeiten optimal zu nutzen. Unter dem Namen »Dianetikzentrum« und unter zahlreichen anderen Tarnnamen verberge sich nämlich die Scientology-Sekte, die zu den gefährlichsten der sogenannten Jugendsekten zähle.

m. Schließen Sie keine Verträge an der Haustür ab. Hüten Sie sich vor Vertretern, die Ihnen offensichtlich etwas aufschwatzen wollen, ohne Ihnen ausreichendes Informationsmaterial zur Verfügung zu stellen und ohne Ihnen Gelegenheit zur Prüfung von Informationsmaterial zu geben. Sollten Sie dennoch auf irgendwelche »Überredungskünstler« hereinfallen: Es gibt seit einiger Zeit ein Verbraucherschutzgesetz. Das »Gesetz über den Widerruf von Haustürgeschäften« legt fest, daß man einen Vertrag oder einen Auftrag innerhalb einer Woche schriftlich widerrufen kann, wenn das Geschäft in der Privatwohnung abgeschlossen wurde. Damit sollen Kunden geschützt werden, die sich von einem geschickten Verkäufer überreden lassen und ohne Zeit für Prüfungen und Überlegungen vertragliche Verpflichtungen eingehen, die viel Geld kosten können. Etwas anderes ist es aber, wenn Sie den Vertreter selbst in Ihr Haus oder Ihre Wohnung bestellt haben. Dann gilt ein unterschriebener Vertrag!

n. Prüfen Sie, ob Sie einen einmal unterzeichneten Vertrag auch vorzeitig kündigen können. Am besten wäre, vor allem bei längerfristigen Kursen, die zwei Jahre dauern, eine dreimonatige Kündigungsfrist. Ist diese Kündigungsfrist nicht vorgesehen, müssen Sie die volle Gebühr bezahlen, auch wenn Sie vorzeitig aus dem Kurs ausscheiden. Beachten Sie, daß es sehr schwierig, wenn nicht gar fast unmöglich ist, von einem einmal unterzeichneten Vertrag zurückzutreten (außer natürlich bei Haustürgeschäften). Nach bundesdeutschem Recht können aufgrund der Allgemeinen Geschäftsbedingungen Verträge mit einer Dauer von bis zu zwei Jahren vereinbart werden. Befristete, also für einen bestimmten Zeitraum oder eine bestimmte Stundenzahl geschlossene Unterrichtsverträge sind nur kündbar, wenn

- dies entweder im Vertrag ausdrücklich vereinbart wurde oder
- ein wichtiger Grund für eine fristlose Kündigung gem. § 626 BGB gegeben ist (zum Beispiel Schwangerschaft oder Wegzug in eine weit entfernte Gegend).

Eine fristlose Kündigung ist in der Praxis meist nur sehr schwer durchsetzbar.

2. Die Aktion Bildungsinformation (ABI)

Als Verbraucherschutzeinrichtung in Bildungsfragen hat sich die »Aktion Bildungsinformation«, kurz ABI, einen Namen gemacht. Seit fünfundzwanzig Jahren beobachtet diese gemeinnützige Organisation unter anderem den Fort- und Weiterbildungsmarkt, informiert und berät in Bildungsfragen und führt Prozesse, wenn sich Anbieter nicht an bestehende Gesetze halten.

Wenn Sie Fragen zu Fernunterricht oder Unterricht vor Ort, zu Sprachreisen sowie zu beruflichen und schulischen Fort- und Weiterbildungsmöglichkeiten haben, wenn Sie an Sprachkursen interessiert sind, wenn Sie überhaupt unsicher sind, ob ein Vertrag seriös oder unseriös ist, wenden Sie sich am besten schriftlich an die ABI. Die Beratung erfolgt kostenlos. Haben Sie es besonders eilig oder nur eine kurze Frage, zum Beispiel ob ein bestimmter Passus in einem Vertrag rechtmäßig ist, bietet die ABI auch eine telefonische Beratung an, und zwar täglich von elf bis zwölf Uhr unter der unten angegebenen Telefonnummer.

Herausgegeben werden von der ABI auch ausführliche Broschüren, die Sie gegen eine Schutzgebühr beziehen können, zum Beispiel »Alles über Sprachreisen«, »Fremdsprachenlernen in Deutschland«, »Nach Frankreich der Sprache wegen«, »Fernunterricht – Fernstudien in Deutschland«, »EDV-Bildungsangebot« oder »Wege zum Heilpraktiker«. Die Ratgeber enthalten zahlreiche allgemeine Hinweise und Ratschläge über Berufsbilder und Fortbildungsmöglichkeiten, dazu über finanzielle Förderung, Vertragsrecht, Zugangsvoraussetzungen, Kurskosten, Verdienstmöglichkeiten und vieles mehr.

Info für neue Bundesländer:

Zwar sind in den Büchern noch keine Adressen über konkrete Fort- und Weiterbildungsmöglichkeiten in den neuen Bundesländern enthalten und damit auch keine konkreten Hinweise über gute Angebote in Ihrer Region. Trotzdem sind die Ratgeber zu empfehlen, da sie zahlreiche allgemeingültige Hinweise enthalten. Da zudem etwa achtzig Prozent der Weiterbildungsträger in den neuen Bundesländern aus dem Westen kommen, werden Sie sicherlich den ein oder anderen Anbieternamen wiederfinden.

Eine genaue Liste der derzeit erhältlichen Broschüren können Sie bei der ABI schriftlich anfordern.
Aktion Bildungsinformation (ABI)
Alte Poststraße 5
W-7000 Stuttgart 1
Tel.: (0711) 225959

3. Verbraucherzentralen

Bei der Interpretation der Verträge, vor allem des »Kleingedruckten«, kann Ihnen auch die Verbraucherzentrale in Ihrer Stadt helfen. Verbraucherzentralen sind, wie der Name schon sagt, für die Verbraucher da. Sie haben es sich vor allem zur Aufgabe gemacht, Konsumenten über ihre Rechte aufzuklären, und zwar ebenso durch regelmäßige allgemeine Informationen als auch durch persönliche (Rechts-)Beratung. Verbraucherzentralen wissen meist auch als erste, da sie konkret vor Ort arbeiten, ob ein Weiterbildungsinstitut bereits als »schwarzes Schaf« aufgefallen ist, das heißt, ob andere damit schlechte

Erfahrungen gemacht haben. Das Netz der Verbraucherzentralen in den neuen Ländern ist inzwischen engmaschig, in vielen Orten ist eine Zweigstelle zu finden, in anderen Orten ist sie geplant. Es lohnt sich immer – auch wenn Sie keine konkreten Fragen haben –, eine Verbraucherzentrale aufzusuchen, weil Sie dort allgemeines Informationsmaterial über Ihre Rechte und Möglichkeiten als Verbraucher, zum Beispiel alles über das Vertragsrecht, bekommen.

Beraten wird in der Regel gegen eine geringe Schutzgebühr. So beträgt der Eintritt in die Verbraucherzentrale Berlin zwei Mark, für Rechts- und Sonderberatungen werden fünf Mark verlangt, für Vorträge und Produktberatung sind drei Mark zu zahlen. Das ist wenig, wenn Sie bedenken, wieviel es Sie kosten kann, wenn Sie auf ein unseriöses Weiterbildungsangebot hereinfallen. Wenn Sie nicht wissen, wo Ihre nächstgelegene Verbraucherzentrale zu finden ist, wenden Sie sich am besten an die folgenden Adressen:

Verbraucherschutzverein e. V.
Lützowstraße 33–36
1000 Berlin 30
Tel.: (030) 254907-0

Arbeitsgemeinschaft der Verbraucherverbände e. V.
Heilsbachstraße 20
5300 Bonn 1
Tel.: (0228) 6489-0

4. Der »Wuppertaler Kreis«

Von einer guten Qualität des Unterrichts können Sie ausgehen, wenn ein Institut Mitglied des sogenannten »Wuppertaler Kreises« ist. Der eingetragene Verein, der seit 1955 existiert und der sich die Qualitätssicherung der Weiterbildung zum Ziel gesetzt hat, arbeitet vor allem in der Weiterbildung von Fach- und Führungskräften. Mitglieder sind zur Zeit dreißig Institute, darunter die wichtigsten deutschen Anbieter, die sich zum größten Teil bereits in den neuen Ländern angesiedelt haben. Jährlich werden von den Mitgliedern des »Wuppertaler Kreises« mehr als vierzehntausend Veranstaltungen durchgeführt, wobei die Teilnehmerzahl bei rund dreihunderttausend liegt. Wer Mitglied des »Wuppertaler Kreises« ist, hat sich vor allem verpflichtet,

– den neusten Stand der Kenntnisse zu vermitteln,
– einen hohen Qualitätsstandard zu gewährleisten, unter anderem durch interne Kontrollen und regelmäßige Kontakte zu Unternehmen und Institutionen oder Personen, die Einblicke in technische und wirtschaftliche Entwicklungen haben sowie zu den Teilnehmern selbst,
– nicht nur »isolierte« Problemfelder zu vermitteln, sondern auch übergreifende Zusammenhänge zu berücksichtigen,
– objektiv, neutral, produkt- und firmenneutral zu sein und
– professionell organisiert zu sein.

Zudem müssen die Veranstaltungsprogramme alle notwendigen Angaben wie Ziel und Inhalt der Veranstaltung, Zielgruppen, Leiter bzw. Referenten, Form, Methoden und Lehrmittel auflisten. Wichtig auch: Nach jedem Kurs wird an die Teilnehmer ein Bewertungsbogen verteilt, in dem sie Zufriedenheit oder Kritik am Kurs üben können.

Daneben verteilen die Mitglieder des Kreises nur dann Zeugnisse, wenn es sich um eine Veranstaltung mit Fach- bzw. Abschlußprüfung handelt, die nach einer Prüfungsordnung durchgeführt wird. Ansonsten gibt es Zertifikate oder Teilnahmebestätigungen (siehe Kapitel »Leistungsnachweise«).

Zur kurzen und allgemeinen Information über den »Wuppertaler Kreis«, und deren Angebot ist ein Faltblatt erhältlich beim:

Wuppertaler Kreis
Postfach 51 06 30
Unter den Ulmen 140
5000 Köln 51 (Marienburg)
Tel.: (0221) 37 20 18

5. Was tun, wenn das Institut die Teilnehmer aussucht?

Möglich ist es, daß nicht Sie sich die Weiterbildungsmaßnahme aussuchen, sondern daß das Institut entscheidet, wer an einem Kurs teilnimmt. Dies kann vor allem dann der Fall sein, wenn die Teilnehmerzahl begrenzt ist und wenn es von vornherein mehr Interessenten als Plätze gibt, so zum Beispiel bei Managementkursen oder bei Maßnahmen für künftige Führungskräfte in den neuen Bundesländern, die von den Fachvermittlungsdiensten der Arbeitsämter angeboten werden.
Es kann also sein, daß es nicht ausreicht, daß Ihnen das Arbeitsamt zusagt, einen bestimmten Kurs zu finanzieren. Es kann auch darum gehen, daß Sie neben bestimmten Vorkenntnissen (zum Beispiel einer Berufsausbildung oder Erfahrungen in der Führung von Personal) und guten Leistungen auch bei der Institutsleitung einen guten Eindruck machen müssen. Verhalten Sie sich hier so, wie Sie es auch bei einer Bewerbung um einen Arbeitsplatz tun würden. Kurz zusammengefaßt bedeutet dies:

a. Werden für eine Maßnahme Unterlagen für eine Vorauswahl verlangt, sind diese natürlich in einwandfreiem Zustand, das heißt vollständig, ohne Tippfehler und ohne Eselsohren einzureichen.
Der Lebenslauf hat lückenlos zu sein, ein eventuell erforderliches Bewerbungsschreiben muß in sachlichem Ton ge-

halten werden. Beides hat den Zweck, Sie ins beste Licht zu rücken, ebenso wie das Foto, das natürlich nicht aus dem Familienalbum stammen darf, sondern von einem professionellen Fotografen aufgenommen worden ist. Die Bewerbung enthält alle Ihre (natürlich nur tatsächlichen!) Kenntnisse und Fähigkeiten, die vermitteln, daß Sie für die vorgesehene Fortbildung oder Umschulung besonders geeignet sind. Denken Sie daran: In dem Wort »bewerben« steckt das Wort »werben«, das heißt, Sie werben für Ihre eigene Person. Die Bewerbungsunterlagen sind das erste, was auf dem Schreibtisch derjenigen liegt, die über Ihre Teilnahme zu entscheiden haben.
Am besten stecken Sie jedes einzelne Blatt in eine Klarsichthülle und das Ganze in eine entsprechende Mappe.

b. Wird die Auswahl, vielleicht ausschließlich, aufgrund eines persönlichen Gesprächs getroffen, gilt auch hier, daß Sie sich von Ihrer besten Seite darstellen. Dies bedeutet vor allem, daß Sie pünktlich kommen, daß Sie sorgfältig gekleidet sind und daß Sie Ihre persönlichen Unterlagen (Schul- und Berufszeugnisse, idealerweise einen kurzgefaßten, aber lükkenlosen Lebenslauf, den Ihr Gegenüber schnell erfassen kann) bei sich haben, falls nach Ihrem Werdegang und nach Ihren Leistungen gefragt wird. Bereiten Sie sich innerlich darauf vor, daß Sie viel gefragt werden, aber auch, daß Sie durchaus ebenfalls Fragen zur geplanten Maßnahme stellen sollten. Nur passiv dazusitzen, hinterläßt einen schlechteren Eindruck, als wenn Sie nach Einzelheiten des Kurses, zum Beispiel nach Inhalten, fragen. Wer Aufgeschlossenheit in einem ersten Gespräch zeigt, läßt vermuten, daß er auch mit Interesse und damit auch mit Erfolg an der Fortbildung oder an der Umschulung teilnimmt.

6. Checkliste Qualitätsmerkmale

1. Haben Sie wirklich das Gefühl, sich genügend Angebote verschiedener Träger eingeholt zu haben?
   _____

2. Welche Kosten kommen auf Sie zu? Machen Sie sich eine Aufstellung, und zwar nach folgenden Kriterien:
a) Wieviel kostet der Lehrgang?
   _____
   – Gibt das Institut Festpreise an, oder müssen Sie im Lauf der Lehrgangsdauer mit Preiserhöhungen rechnen?
   _____
   – Welche Nebenkosten kommen auf Sie zu?
     Insgesamt: _____
     Aufgeschlüsselt nach:
     Lehrgangsmaterial _____
     Prüfungsgebühren _____
     Berufskleidung _____
     Fahrtkosten zum Veranstaltungsort _____
     Übernachtungskosten _____
b) Wie ist die Finanzierung vor allem bei längeren Kursen geregelt?
   – Muß der Gesamtbetrag auf einmal entrichtet werden, oder ist Ratenzahlung möglich? _____
c) Haben Sie bei der Berechnung der Kosten, die auf Sie zukommen, alle Förderungsmöglichkeiten ausgeschöpft?
   – Arbeitsamt _____
   – Arbeitgeber (auch Tarifverträge beachten!)
   _____
   – Berufsgenossenschaft _____
   – BaFöG _____
   – Berufsförderungsdienst der Bundeswehr _____

- Finanzamt ─────────────────
- Begabtenförderungswerke ─────────
- Stiftungen ──────────────────
d) Können Sie die Kosten, die nach all diesen Berechnungen auf Sie zukommen, auch über längere Zeit tragen?

3. Enthält der Vertrag, außer der detaillierten Kostenaufstellung, auch folgende Angaben?
a) Die allgemeinen Geschäftsbedingungen.

b) Details über Kündigungs- und Rücktrittsbedingungen.

c) Dauer der Maßnahme. ────────────
d) Genaue Angaben darüber, mit welchem Abschluß der Kurs endet.

e) Hinweise darauf, welche Bedingungen gelten, wenn Sie eine vorgesehene Prüfung nicht bestehen.

f) Detaillierte Ziele und Inhalte der Maßnahme.

g) Zulassungsvoraussetzungen.

h) Teilnehmerzahlen. ────────────
i) Lehrmethode und Angaben über Lehrmaterial und Ausstattung der Unterrichtsräume (nach dem neuesten Stand!).

j) Qualifikation des Lehrpersonals.

k) Anzahl der Unterrichtsstunden mit Hinweis darauf, welche Regelung gilt, wenn etwa wegen Krankheit von Lehrkräften der Unterricht ausfällt.

4. Allgemeine Fragen:
a) Gibt das Institut Ihnen Gelegenheit, die Unterrichtsräume zu besichtigen?

___

b) Können Sie mit Lehrern sprechen?

___

c) Können Sie mit ehemaligen Teilnehmern sprechen?

___

d) Gibt es eventuell eine Aufstellung über Erfolgsquoten und damit auch Hinweise auf die Zahl der Abbrecher (in der Regel nur meßbar bei öffentlich-rechtlichen oder staatlichen Prüfungen)?

___

e) Gibt es Zusagen darüber, daß alle Teilnehmer ungefähr das gleiche Vorwissen haben?

___

VII. Spezielle Form der Fortbildung – Fernunterricht

1. Allgemeines

Von »A« wie »Abitur« bis »Z« wie »Zeichnen« – per Fernunterricht können Sie in der Bundesrepublik (fast) alles lernen. Es gibt zur Zeit hundertfünfzig mehr oder weniger große private Veranstalter, die insgesamt knapp tausendvierhundert Lehrgänge anbieten. Die Palette reicht dabei von Sprachkursen über Bautechnik, Betriebswirtschaftslehre, Bilanzbuchhaltung und Buchführung, Datenverarbeitung bis hin zu Elektrotechnik, Management-Techniken und Recht, um nur einiges zu nennen. So können Sie zu Hause allgemeine und berufsbildende Kenntnisse und Fähigkeiten erwerben, die der beruflichen Anpassung, dem beruflichen Aufstieg, dem Arbeitsplatzwechsel, der beruflichen Umschulung dienen sowie für einen beruflichen oder schulischen Abschluß erforderlich sind. Die Grenzen von Fernunterricht sind allerdings dort gesetzt, wo Experimente (zum Beispiel beim Chemielaboranten) oder berufliche Praxis (Berufskraftfahrer) vorgesehen sind. Grenzen sind auch in der beruflichen Erstausbildung gezogen, da hier das sogenannte duale Berufsbildungssystem der Bundesrepublik eine Mischung aus mehrjähriger Berufspraxis im Betrieb oder in außerbetrieblichen Einrichtungen und eine regelmäßige Schulpflicht vorsieht.

2. Wie finden Sie das richtige Angebot?

Weil sich auf dem Markt der Angebote für Fernunterricht zahlreiche »schwarze Schafe« tummelten, muß seit 1. Januar 1977 jeder Fernlehrgang nach dem Fernunterrichtsschutzgesetz (FernUSG) des Bundes von der Staatlichen Zentralstelle für Fernunterricht zugelassen sein. Für Freizeit-und Hobbykurse genügt es, wenn das anbietende Institut die Zentralstelle für Fernunterricht informiert.

Zunächst gilt: Fernunterricht liegt laut Fernunterrichtsschutzgesetz (FernUSG) dann vor, wenn
– der Lehrende und der Lernende ausschließlich oder überwiegend räumlich getrennt sind und
– der Lehrende oder sein Beauftragter den Lernerfolg überwacht.

Es genügt also nicht, wenn Ihnen ein Veranstalter die regelmäßige Zusendung von Lehrmaterial verspricht. Er muß darüber hinaus garantieren, daß kontrolliert wird, ob Sie den Unterrichtsstoff auch verstanden haben. Dies kann zum Beispiel durch Korrekturen Ihrer Arbeiten oder durch begleitenden Unterricht vor Ort, etwa einmal im Monat samstags, geschehen. Auf alle Fälle müssen die Lehrmaterialien, die Sie erhalten, auch Selbstkontroll- oder Fremdkontrollaufgaben enthalten. Dies bedeutet, daß Sie nach bestimmten Lernabschnitten Ihren Lernfortschritt selbst prüfen können und daß Sie durch Einsendung von Aufgaben an das Fernlehrinstitut, die dort geprüft und mit Hinweisen versehen an Sie zurückgesandt werden, Auskunft über Ihren Lernerfolg erhalten. Hat der Fernlehrgang ein Zulassungssiegel, können Sie zumindest davon ausgehen, daß folgende Kriterien geprüft wurden:
– Ist der Fernlehrgang geeignet, auf das angegebene Lernziel vorzubereiten?

- Ist die Betreuung während des Lehrgangs ausreichend?
- Sind die Gestaltung der Verträge und die Informationsschriften für die Lehrgänge ausreichend?

3. Vor- und Nachteile von Fernunterricht

Bevor Sie sich für einen Fernlehrgang entscheiden, sollten Sie sich über die Vor- und die Nachteile klarwerden:
Vorteile von Fernunterricht:
- Sie können sich Ihre Zeit selbst einteilen.
- Sie haben keine zeitraubenden An- und Abfahrtswege zu einer Fortbildungsstätte.
- Sie können Ihr Lerntempo und Ihr Lernverhalten individuell gestalten.
- Sie können auch das lernen, was an Ihrem Ort, zum Beispiel von Kammern, Verbänden oder privaten Anbietern (noch) nicht angeboten wird.

Nachteile von Fernunterricht:
- Es fehlen andere Teilnehmer, mit denen Sie regelmäßig zusammen lernen beziehungsweise Erfahrungen austauschen können.
- Ergeben sich beim Lernen Fragen oder Lernschwierigkeiten, die Sie mit dem vorhandenen Material oder allein nicht lösen können, müssen Sie diese in schriftlichem oder telefonischem Kontakt mit dem Fernlehrinstitut klären.
- Sie verfügen eine geraume Zeit über wenig Freizeit und haben deshalb weniger Zeit für Ihre Familie, Ihre Freunde und Ihre Bekannten. Dies gilt allerdings auch für andere nebenberufliche Weiterbildungskurse.
- Unter Umständen kann das Nachholen eines Abschlusses wesentlich länger dauern, als wenn Sie eine Weile aus dem Beruf aussteigen und einen Vollzeitlehrgang besuchen.

Prüfen Sie auf alle Fälle, bevor Sie sich für einen Kurs entscheiden, ob die Vorteile die Nachteile überwiegen. Erkundigen Sie sich auch, an welchem Ort eine Prüfung abgelegt wird. Handelt es sich um eine Kammerprüfung, kann es durchaus sein, daß sie am Ort des Veranstalters stattfindet, so daß Sie zur Prüfung anreisen müssen.

Und: Die Preise müssen Sie natürlich auch vergleichen! Interessiert Sie ein bestimmtes Angebot, zum Beispiel aufgrund einer Zeitungsanzeige, erhalten Sie (natürlich nur unter Angabe der genauen Lehrgangsbezeichnung) eine genaue Lehrgangsbeschreibung, und zwar über

allgemeine und berufsbildende Fernlehrgänge von der

Staatlichen Zentralstelle für Fernunterricht (ZFU)
Peter-Welter-Platz 2
5000 Köln 1
Tel.: (0221) 235538-39

über berufsbildende Fernlehrgänge, deren Bildungsinhalte bundesrechtlich geregelt sind oder die auf Kammerprüfungen vorbereiten, vom

Bundesinstitut für Berufsbildung (BIBB)
Fehrbelliner Platz 3
W-1000 Berlin 31
Tel.: (030) 8683-1

Von beiden Stellen bekommen Sie auch kostenlos eine Broschüre mit dem Titel »Ratgeber für Fernunterricht«, die zahlreiche Hinweise und Ratschläge enthält, aber auch »Checklisten«, anhand derer Sie prüfen können, ob Fernunterricht für Sie überhaupt in Frage kommt.

4. Telekolleg

In Baden-Württemberg, in Bayern, Nordrhein-Westfalen, Rheinland-Pfalz und im Saarland besteht eine besondere Form des Fernunterrichts, nämlich das Telekolleg. Wer den Bayerischen Rundfunk, den Südwestfunk oder den Westdeutschen Rundfunk empfangen kann, kann per Fernsehen, schriftlichem Begleitmaterial und Kollegtagen neben dem Beruf in knapp drei Jahren die Fachhochschulreife erreichen, die wiederum den Zugang zu Fachhochschulen (siehe Bildungssystem) ermöglicht. Montags bis freitags werden am späten Nachmittag beziehungsweise am frühen Abend die Lehrsendungen ausgestrahlt, Wiederholungen finden am Wochenende statt. Das schriftliche Begleitmaterial besteht aus Arbeitsbüchern und Arbeitsbögen zu jedem Fach. Beim Kollegtag schließlich, der alle zwei bis vier Wochen stattfindet, treffen sich die Telekollegiaten mit einem Lehrer, um vor allem Verständigungsfragen oder Probleme beim Lösen der Aufgaben zu besprechen. Für die Pflichtprüfungen ist das Kultusministerium des Landes zuständig, in dem die Sendung ausgestrahlt wird, für Teilnehmer aus den neuen Bundesländern also das Bayerische Kultusministerium.

Voraussetzung für die Teilnahme am Telekolleg ist der Nachweis des Mittleren Bildungsabschlusses, für die neuen Länder der Abschluß der Polytechnischen Oberschule und eine abgeschlossene Berufsausbildung oder eine mindestens vierjährige Berufstätigkeit, wozu auch die Führung eines Familienhaushaltes zählt. Möglich sind drei Fachrichtungen:
– Technik
– Wirtschaft
– Sozialwesen.
Die Fachrichtung hängt von Ihrer bisherigen Tätigkeit ab.

Verbindlich sind für alle Teilnehmer die Fächer Deutsch, Englisch, Geschichte, Mathematik, Physik und Sozialkunde. Für die Fachrichtung Technik kommen Physikalische Technologie und Chemie hinzu, für Wirtschaft Wirtschaftslehre und für Sozialwesen Biologie und Psychologie.

Interessieren Sie sich nur für ein Gebiet, zum Beispiel für Wirtschaft oder Chemie, weil das für den weiteren Berufsweg notwendig ist, können Sie die Fächer auch einzeln belegen und – wenn Sie wollen – an den jeweiligen Prüfungen für das von Ihnen gewählte Fach teilnehmen. Nach Bestehen erhalten Sie dann ein entsprechendes Zertifikat.

Ein ausführliches Merkblatt und weitere Informationen erhalten Sie über folgende Adressen:

Für Teilnehmer in Bayern:

Geschäftsstelle Telekolleg
Bayerischer Rundfunk
8000 München 100
Tel.: (089) 3806-2703/04

Für Teilnehmer in Baden-Württemberg, Nordrhein-Westfalen, Rheinland-Pfalz und Saarland:

Geschäftsstelle Telekolleg
Südwestfunk
Postfach 820
7570 Baden-Baden
Tel.: (07221) 92-3289

Fragen zu Kollegtagen (zum Beispiel ob und wo in Ihrer Nähe ein Kollegtag stattfindet) können Sie ebenfalls an das Telekolleg stellen. Wenn Sie etwas über die Prüfungen, zum Beispiel über Termine, wissen wollen, können Sie sich auch direkt an Ihr zuständiges Kultusministerium wenden (Adressen siehe Anhang).

Für die Teilnehmer in den neuen Ländern ist derzeit noch das

Bayerische Staatsministerium
für Unterricht und Kultus
Salvatorstraße 2
8000 München 2
Tel.: (089) 2186-2301
zuständig.

5. Fernuniversität Hagen

Einzig in ihrer Art ist die Fernuniversität Hagen. 1974 vom Land Nordrhein-Westfalen gegründet, zählt sie derzeit rund fünfzigtausend Studenten, die sich auf die unterschiedlichsten Hochschulabschlüsse im eigenen Wohn- oder Arbeitszimmer bei weitgehend freier Zeiteinteilung vorbereiten. Möglich ist – unter der Voraussetzung, daß Sie die Zugangsberechtigung (allgemeine Hochschulreife, fachgebundene Hochschulreife, Fachhochschulreife) zu einem Studium an einer wissenschaftlichen Hochschule haben – sowohl ein Vollzeit- wie auch ein Teilzeitstudium. Für ein Teilzeitstudium (Arbeitsaufwand rund zwanzig Stunden pro Woche) sollten Sie eine Studiendauer von sechs bis acht Jahren, für ein Vollzeitstudium (Arbeitsaufwand vierzig Stunden) drei bis vier Jahre einkalkulieren.
Angeboten werden zur Zeit integrierte Diplom-Studiengänge in Elektrotechnik, Mathematik, Informatik und Wirtschaftswissenschaften; in Magister-Studiengängen können als Hauptfächer Erziehungswissenschaft, Sozialwissenschaften, Soziologie und Philosophie und Neuere Deutsche Literaturwissenschaft mit entsprechenden Nebenfächern gewählt werden.
Als Zusatzstudiengänge stehen unter anderem Betriebswirtschaftslehre und Volkswirtschaftslehre für Juristen oder für

Mathematiker, Diplomingenieure und Naturwissenschaftler ebenso auf dem Programm wie Wirtschafts- und Arbeitsrecht und öffentliches Recht für Wirtschaftswissenschaftler mit abgeschlossenem Hochschulabschluß, für Diplomingenieure und für Naturwissenschaftler. Besonders interessant für Teilnehmer aus den neuen Bundesländern: Ehemalige RGW-Ökonomen können ein Zusatzstudium in Volkswirtschafts- oder Betriebswirtschaftslehre absolvieren.

Seit dem Wintersemester 1990/91 können auch Bewerber, die über keine Hochschulreife verfügen, ein Studium bei der Fernuniversität aufnehmen, wenn sie durch eine Einstufungsprüfung nachweisen, daß sie in ihrem Beruf Kenntnisse erworben haben, die mit dem Wissensstand eines Studenten nach Abschluß des ersten Semesters vergleichbar sind. Bewerber, die zu einer solchen Prüfung zugelassen werden und diese bestehen, können an der Fernuniversität studieren – allerdings nur dort –, da mit der Einstufungsprüfung nicht automatisch die allgemeine Hochschulreife verbunden ist.

Die Voraussetzungen, um zur Prüfung zugelassen zu werden:
- Sie müssen mindestens fünfundzwanzig Jahre alt sein, eine abgeschlossene Berufsausbildung haben und eine mindestens fünfjährige berufliche Tätigkeit nachweisen, die in einem engen inhaltlichen Zusammenhang zu dem angestrebten Hochschulstudium steht.

Leicht ist die Prüfung sicherlich nicht! In den Informationen der Universität Hagen heißt es dazu: »Eine reelle Chance für die Zulassung zur Prüfung dürften allerdings nur die Bewerber haben, die sowohl die formalen Bedingungen erfüllen als auch schlüssig nachweisen können, daß sie im Rahmen ihrer (einschlägigen) beruflichen Tätigkeit Kenntnisse erworben haben, die ein erfolgreiches Studium erwarten lassen.«

Unter dem Stichwort »Einstufungsprüfung« können Sie beim Studentensekretariat der Universität Informationen anfordern.

Anderen Interessierten, die nicht über eine Hochschulreife verfügen oder nur Einzelangebote wahrnehmen möchten, stehen fast alle Kurse zur Weiterbildung offen. Ein akademischer Abschluß ist dann zwar nicht möglich, Sie erhalten aber ein Zertifikat über die mit Erfolg abgeschlossenen Kurse, das sicherlich mancher Arbeitgeber wohlwollend registriert.

Das Lehrmaterial (Lehrbriefe, Ton- und Videokassetten und Prüfungstexte, die regelmäßig zurückgeschickt werden müssen) kommt in der Regel alle vierzehn Tage per Post ins Haus. Daneben stehen in Studienzentren Dozenten zur Beratung und zur Beantwortung von Fragen zur Verfügung.

Die Kosten für das Studium sind äußerst gering und betragen laut Fernuniversität Hagen für ein Vollzeitstudium rund 280 Mark, für ein Teilzeitstudium rund 170 Mark pro Semester. Für Gasthörer ist ein Studienbeginn alljährlich zum Sommer- und zum Wintersemester möglich, wer ein Teilzeit- oder Vollzeitstudium absolvieren möchte, kann nur im Wintersemester anfangen.

Umfangreiches Informationsmaterial, auch über finanzielle Förderungsmöglichkeiten, erhalten Sie bei der

Fernuniversität Gesamthochschule Hagen
Studentensekretariat/Zentrale Studienberatung
Konkordiastraße 5
W-5800 Hagen
Tel.: (02331) 804-2444

oder in den Studienzentren in den neuen Ländern:

Humboldt-Universität
Fernstudienzentrum
Charlottenstraße 60
O-1086 Berlin

Friedrich-Schiller-Universität Jena
Fernstudienzentrum
Puschkinstraße 19
O-5082 Erfurt

Martin-Luther-Universität Halle
Fernstudienzentrum
Große Steinstraße 73
O-4020 Halle

Karl-Marx-Universität Leipzig
Fernstudienzentrum
Ferdinand-Rhode-Str. 38
O-7010 Leipzig

Universität Rostock
Zentrum für Weiterbildung
E.-Schlesinger-Str. 19/20 HH 1
O-2500 Rostock

6. AKAD

Durchaus positiv wird es in den Unternehmen bewertet, wenn Sie ein Abschlußzeugnis des Fernlehrinstituts AKAD (Akademikergesellschaft für Erwachsenenfortbildung) vorzeigen.
Unter anderem können Sie – wenn Sie jeweils die entsprechenden beruflichen oder schulischen Voraussetzungen erfüllen, die Sie bei der AKAD erfahren – dort ein Fachhochschulstudium (Diplom-Betriebswirt FH, Diplom-Wirtschaftsinformatiker FH, Diplom-Wirtschaftsingenieur FH) absolvieren, das Abitur, die Fachhochschulreife oder die Fachhochschuleignungsprüfung ablegen oder sich auf verschiedene Industrie- und Handelskammerprüfungen (Wirtschaftsassistent IHK,

Geprüfter Wirtschaftsinformatiker IHK, technischer Betriebswirt IHK, Handelsfachwirt IHK, Bilanzbuchhalter IHK, Fachkaufmann IHK) vorbereiten. Der Erwerb von Sprachdiplomen ist in Englisch, Französisch, Italienisch und Spanisch bis hin zur Prüfung zum staatlich geprüften Übersetzer möglich.

Alle Bildungsziele sind staatlich, öffentlich-rechtlich und allgemein anerkannt (siehe Bildungssystem), das heißt, daß Sie Ihnen zum einen den Weg zu weiterführenden, anerkannten Bildungseinrichtungen ebnen und zum anderen in der Wirtschaft hoch angesehen sind.

Am AKAD-Institut für Sprach- und Weiterbildungskurse schließlich ist es möglich, sich individuelle Bausteine zusammenzustellen, daß Sie also das lernen, was Ihnen zur beruflichen Qualifikation fehlt, zum Beispiel Fremdsprachenkurse, Wirtschaftsfächer (von Buchführung über Wirtschaftslehre, Arbeitsrecht und Wirtschaftsenglisch), Mathematik und Naturwissenschaften, Deutsch und Geisteswissenschaften. Diese Kurse enden nicht mit einer öffentlich-rechtlichen oder staatlichen Prüfung, Sie erhalten aber ein entsprechendes Teilnahme-Zertifikat. Ergänzt wird das Fernstudium durch den Unterricht vor Ort. Für DDR-Hochschulabsolventen im Fach Wirtschaftswissenschaften wurde ein viersemestriger Sonderstudiengang zum Diplom-Betriebswirt entwickelt.

Bevor Sie sich bei der AKAD für einen Kurs entscheiden, bietet Ihnen das Institut als wohl einziges seiner Art die Möglichkeit, mit ehemaligen Teilnehmern zu sprechen. Seit über dreißig Jahren wird die Namensliste der erfolgreichen Kandidaten veröffentlicht, so daß Sie sich dort nach Erfahrungen, Zeitaufwand und nach eventuell auftauchenden Schwierigkeiten erkundigen können.

Förderungsmöglichkeiten bestehen bei Lehrgängen, die mit staatlichen bzw. öffentlich-rechtlichen Prüfungen enden, nach dem Arbeitsförderungs- oder nach dem Berufsausbildungsförderungsgesetz. Daneben ist es möglich, die Aufwendungen, zum Beispiel für Studiengebühren oder Nebenkosten, von der Steuer abzusetzen. Das ausführliche AKAD-Studienprogramm erhalten Sie bei folgenden Adressen:

AKAD-Generalsekretariat
Maybachstraße 18
7000 Stuttgart 30
Tel.: (0711) 8149544

Telefonische, schriftliche und persönliche Beratung zu allen Lehrgängen:

AKAD-Seminarzentrum
Seeburgstraße 5–9
O-7010 Leipzig

Telefonische, schriftliche und persönliche Beratung zu speziellen Lehrgängen:

AKAD-Seminarzentrum Hochschule für Berufstätige und Institut für Berufsfortbildung in Kooperation mit dem Bildungswerk Wirtschaft in Berlin und Brandenburg e. V.
Hirschberger Straße 4
O-1134 Berlin-Lichtenberg

AKAD-Seminarzentrum Hochschule für Berufstätige und Institut für Berufsfortbildung in Kooperation mit dem Bildungswerk Wirtschaft in Berlin und Brandenburg e. V.
Hirschberger Straße 4
O-1134 Berlin-Lichtenberg

AKAD-Seminarzentrum Hochschule für Berufstätige in Kooperation mit der Ausbildungsgemeinschaft Schwerin e. V.
Arsenalstraße 26
O-2750 Schwerin

VIII. Spezielle Weiterbildungsmöglichkeiten

1. EDV-Kurse

Es gibt kaum noch Bereiche, die ohne elektronische Datenverarbeitung (EDV) auskommen. Am Schreibtisch fast jeder Sekretärin steht ein Personalcomputer (PC), Industrie- und Handelskammern sind per Computer miteinander vernetzt (siehe Datenbanken), und auch im Handwerk wird zunehmend per PC gearbeitet, zum Beispiel beim Erstellen von Rechnungen, Texten und Angeboten oder für die Kalkulation und die Buchhaltung. Eine Umfrage der Handwerkskammer Koblenz hat ergeben, daß 1991 bereits fünfzig Prozent der Handwerksbetriebe einen Computer einsetzte. 1981 waren es nur vier von hundert.
Den immensen Nachholbedarf in diesem Bereich haben auch die Weiterbildungsinstitute erkannt. Bildungswerke der Wirtschaft und der Gewerkschaften, Volkshochschulen, Kammern, Privatschulen – es besteht kaum eine Einrichtung, die nicht EDV-Angebote im Programm hat. Zudem gibt es in diesem Bereich zahlreiche Weiterbildungsangebote von den Computerherstellern selbst.

Zu unterscheiden sind:
– Einzellehrgänge, bei denen Sie in Mehrtages-, Wochen- oder längerfristigen Kursen entweder in die Grundlagen der EDV eingearbeitet werden oder sich – Grundkenntnisse vorausgesetzt – spezielles Wissen aneignen können, das Sie für Ihren Beruf benötigen, zum Beispiel für das Rechnungswesen oder die Finanzbuchhaltung.

- Kurse, die auf eine institutsinterne oder auf eine Kammerprüfung vorbereiten und die Sie für eine Datenverarbeitungstätigkeit qualifizieren. Diese Kurse dauern in der Regel zwei Jahre.

Wie finden Sie den richtigen Kurs?
a. Fragen Sie sich zunächst, was Sie mit der Datenverarbeitung anfangen wollen.
- Benötigen Sie Grundkenntnisse, etwa für die Textverarbeitung im Sekretariat, genügt sicherlich zunächst ein Einführungskurs, in dem Sie die Texterfassung, das Korrigieren, das Speichern und Ausdrucken und das Überarbeiten der Texte lernen.
- Werden Sie in Ihrem Beruf künftig mit speziellen Aufgaben am Computer konfrontiert, zum Beispiel mit der Kalkulation, dann sind solche Vertiefungskurse sinnvoll, die berufsbezogen, also für Handwerker oder für Industriefachwirte, unter anderem von den Kammern oder auch von den Bildungswerken der Gewerkschaften angeboten werden.
- Wollen Sie umschulen oder sich spezialisieren, dann ist bei den meist zweijährigen Kursen besondere Vorsicht bei der Auswahl geboten. Überprüfen Sie hier auf alle Fälle die Qualitätskriterien (siehe dort), und achten Sie insbesondere auf die fachliche, aber auch auf die pädagogische und didaktische Fähigkeit des Lehrpersonals. Ein Informatikstudent im fünften Semester wird vielleicht über das notwendige Fachwissen verfügen – ob er es Ihnen pädagogisch sinnvoll vermitteln kann, so daß Sie optimal lernen, steht auf einem anderen Blatt. Fragen Sie auch, ob Sie ständig mit neuen Lehrkräften konfrontiert werden oder ob Sie es mit hauptberuflichen Mitarbeitern zu tun haben. Diese haben nämlich die beste Übersicht über Ihren Kenntnisstand und wissen, wo Ihre Schwierigkeiten liegen.

b. Achten Sie bei allen Angeboten, vor allem bei Grundkursen, darauf, daß Sie nicht ausschließlich auf einem einzigen System geschult werden, sondern daß Sie später auch auf anderen Systemen lernen und arbeiten können. Viele Computerhersteller bieten zwar Schulungen zu günstigen Preisen an – nur kann es sein, daß Sie später das Gelernte in Ihrem Büro oder zu Hause nicht anwenden können, weil Ihnen ausschließlich beigebracht wurde, wie man auf dem firmenspezifischen Computer arbeitet.

c. Fragen Sie nach der Teilnehmerzahl und nach der Zahl der vorhandenen Computer. Je höher die Teilnehmerzahl ist, desto weniger Gelegenheit bleibt der Lehrkraft, individuell auf Sie einzugehen. Steht für zehn Lernende nur ein Computer zur Verfügung, können Sie davon ausgehen, daß der Unterricht für den einzelnen und damit auch für Sie wenig praxisbezogen beziehungsweise effektiv sein wird. Schließlich wollen Sie das Gelernte ja anwenden, und dazu gehört eben Übung.

d. Vereinbaren Sie vor allem bei längerfristigen Kursen einen Eignungstest. Fehlen Ihnen nämlich analytisches und logisches Denkvermögen, jegliches Verständnis für Zahlen oder die Fähigkeit zum langen systematischen Arbeiten an einer Sache, brauchen Sie also den »schnellen Erfolg«, dann werden Sie mit einer Tätigkeit in einem EDV-Beruf sicherlich nicht glücklich!

2. Berufe im Umweltschutz

Umweltberater, Umweltschutztechniker, chemisch-technischer Assistent mit Schwerpunkt Umwelt, Behörden- und Betriebsassistent Agrarwirtschaft, Umwelt- oder Abfallberater – Berufe im Umweltbereich sind immer stärker gefragt, ob im öffentlichen Dienst, in der Privatwirtschaft oder bei Verbänden. Der Arbeitskräftebedarf ist angesichts der katastrophalen Umweltsituation nicht nur in den neuen Ländern enorm. Bereits seit geraumer Zeit ist auch ein großer Bedarf an qualifizierten Arbeitnehmern in diesem Bereich in den alten Bundesländern vorhanden.

Die Palette der möglichen Berufe im Umweltbereich ist sehr groß. Viele dieser Berufe bauen auf einer »klassischen« handwerklichen oder technischen Ausbildung oder auf einem Biologie-, Physik-, Chemie- oder Ingenieurstudium auf. Informationsstellen, die über alle Möglichkeiten der Ausbildung, des Studiums und der Weiterbildung sowie der Beschäftigungsmöglichkeiten informieren, sind bisher nicht vorhanden.

Abhilfe schaffen will das Umweltbundesamt in Berlin, das ständig mit zahlreichen Anfragen nach möglichen Aus- und Weiterbildungen in Umweltberufen konfrontiert wird. Seit 1985 erscheint die inzwischen knapp dreihundertseitige Broschüre »Berufe im Umweltschutz«. Neben Ausbildungs- und Studienmöglichkeiten im Umweltschutzbereich enthält der Ratgeber auch Beschreibungen eines kompletten Umweltschutzstudiums, kurzfristiger Studienaufenthalte und Praktikumsmöglichkeiten im Ausland, aber auch Hinweise und Adressen von Veranstaltern, die Fort- und Weiterbildungskurse anbieten. Weit über hundert Institutionen hat das Umweltbundesamt allein hier aufgeführt. Als Beispiele werden unter anderem die »Abwassertechnische Vereinigung« und das »Institut für Wasser-, Boden- und Lufthygiene«, die »Akademie für Naturschutz und Landespflege«, die Industrie- und Handelskammern und die Technischen Überwachungsvereine (TüV) genannt.

Zwar werden die Kosten für Weiterbildungs- und Fortbildungskurse teilweise mit über 10000 Mark angegeben. Lassen Sie sich dennoch nicht abschrecken, da zahlreiche Bildungsmaßnahmen bei Vorliegen der entsprechenden Voraussetzungen nach dem Arbeitsförderungsgesetz (siehe dort) bezuschußt oder ganz finanziert werden. Für Zusatz- und Aufbaustudien ist zudem eine Förderung aufgrund des Bundesausbildungsförderungsgesetzes möglich. Eine Nachfrage bei Ihrem Arbeitsamt oder beim zuständigen Studentenwerk lohnt sich auf alle Fälle.

Noch nicht aufgenommen in den Katalog des Umweltbundesamtes sind Weiterbildungsmöglichkeiten in den neuen Ländern. Trotzdem ist die Lektüre zu empfehlen, da Sie sich grundsätzlich über das Berufsspektrum, über Fortbildungsmöglichkeiten und über weiterführende Literatur informieren können. Die Autoren des Ratgebers betonen ausdrücklich, daß die Materialzusammenstellung nicht als »Lesebuch«, sondern als Arbeitshilfe gedacht ist, die viel Eigeninitiative erfordere. Außerdem empfehlen sie den Besuch der Informationseinrichtungen der zuständigen Arbeitsämter, das Lesen der angegebenen Informationsschriften, die persönliche Kontaktaufnahme mit den Ausbildungseinrichtungen und Gespräche mit Personen, die in dem gewünschten Umweltbereich tätig sind.

Wenn Sie sich für eine berufliche Fortbildung im Umweltschutzbereich interessieren, empfiehlt es sich, zunächst die Möglichkeiten »vor Ort« beim Arbeitsamt, bei Kammern, Verbänden und privaten Anbietern zu erfragen. Vieles finden Sie aber auch im Ratgeber des Umweltbundesamtes. Wenden Sie sich direkt an die dort angegebene Adresse, und bitten Sie um weiteres Informationsmaterial. Klären Sie auch, ob das Arbeitsamt Ihnen eventuell eine Fortbildung finanziert, die nicht an Ihrem Wohnort stattfindet.

Spezielle Hinweise auf Studienmöglichkeiten und über Zusatz- und Aufbaustudiengänge, also über Fort- und Weiterbildung nach einem Studium, an Universitäten, Gesamthochschulen und Fachhochschulen, bietet der siebenhundertseitige »Studienführer Umweltschutz«, der ebenfalls vom Umweltbundesamt herausgegeben wird. Auch hier sind, zumindest im Studienführer, bisher nur die Institutionen in den alten Ländern erfaßt. Dennoch ist der Studienführer empfehlenswert, da er gründlich informiert, in welchen Fachbereichen (zum Beispiel Architektur, Bauphysik, Wirtschaft, Verfahrens- und Versorgungstechnik, Rechtswissenschaft) umweltschutzbezogene Kenntnisse immer mehr gefragt sind und sich damit auch größere Chancen auf dem Arbeitsmarkt auftun. Zudem ist das Umweltbundesamt dabei, die Liste der umweltschutzorientierten Studiengänge ständig zu ergänzen, und zwar auch um Möglichkeiten in den neuen Ländern.

Der »Studienführer Umweltschutz« (Schutzgebühr 10,00 Mark) ist beim Umweltbundesamt Berlin erhältlich, der Ratgeber »Berufe im Umweltschutz« (Schutzgebühr 5,00 Mark) bei der Unesco-Verbindungsstelle des Umweltbundesamtes Berlin.

Die jeweilige Adresse lautet:
Bismarckplatz 1
W-1000 Berlin 33

3. Sprachkurse sind Auslandsaufenthalte

Ohne Englisch geht in den gehobeneren Positionen schon lange nichts mehr, am liebsten sehen es Firmenchefs, wenn ein Mitarbeiter eine zweite oder eine dritte Fremdsprache beherrscht. Das wird um so wichtiger, wenn ab 1993 der Europäische Binnenmarkt Realität wird. Der ungehinderte Warenverkehr und der Wegfall der Grenzkontrollen – das ist die eine Seite des Europäischen Binnenmarktes 1993, die andere Seite bedeutet Freizügigkeit auf dem Arbeitsmarkt beziehungsweise Ausweitung der Firmenaktivitäten auf andere europäische Länder. Im Klartext heißt das, daß Zweigstellen eröffnet und Geschäftsverhandlungen verstärkt mit Partnern aus dem gesamten europäischen Raum geführt werden. Gefragt sind in Zukunft vor allem Führungskräfte, Techniker, Ingenieure, Wissenschaftler und qualifizierte Facharbeiter aller Berufsrichtungen, die über die entsprechenden Fremdsprachenkenntnisse verfügen und über die Mentalität ihrer Verhandlungspartner Bescheid wissen. Schließlich herrschen in Spanien, Italien, Frankreich oder Großbritannien andere Gepflogenheiten als in Deutschland. Sprachkenntnisse zu verbessern, besser zu verstehen, was Geschäftspartner aus dem Ausland nicht nur sagen, sondern auch meinen – das geht leichter, wenn man nicht am Schreibtisch oder in Kursen im eigenen Land lernt, sondern wenn man über den (Landes-)Zaun hinwegschaut und willens ist, auch eine Zeitlang ins Ausland zu gehen. Die Fähigkeit zur Mobilität, das heißt der Nachweis, daß Sie einmal in einem fremden Land waren, und zwar nicht nur auf Urlaubsreise, wird gerade angesichts der faktischen Öffnung der Grenzen bei Firmenchefs durchaus positiv bewertet, vor allem in den Unternehmen, die Geschäftsbeziehungen oder Zweigstellen in anderen Ländern haben. Es dürfte auf alle Fälle ein Wettbewerbsvorteil gegenüber anderen Mitbewerbern sein, wenn Sie längere Zeit im Ausland waren.

Wie finden Sie den richtigen Sprachkurs?
a) Allgemeine Sprachkurse
Nicht ganz einfach ist es, bei der Vielzahl von Anbietern den richtigen Sprachkurs zu finden. So haben beispielsweise Industrie- und Handelskammern, Handwerkskammern, Volkshochschulen und Gewerkschaften Sprachkurse im Programm. Stark vertreten sind beim Fremdsprachenunterricht zudem die privaten Institute und Schulen. In den alten Ländern sind derzeit rund tausend Angebote zu verzeichnen. Da kann es auch passieren, daß um den künftigen Kunden mit blumigen Worten geworben wird, hinter denen so manches Mal nichts steckt. So heißt es zum Beispiel in Zeitungsanzeigen unter der Über-

schrift »Wollen Sie zweitausend Vokabeln in einer Woche lernen?: Sind Fremdsprachen für Sie wichtig? Ist Ihre Zeit kostbar? Können Sie auf Paukerei verzichten? Finden Sie Hausaufgaben lästig? Wenn Sie alle Fragen mit ›ja‹ beantworten können, rufen Sie uns an!« Wem sind Fremdsprachen nicht wichtig, wem ist seine Zeit nicht kostbar, wer würde nicht lieber auf Paukerei verzichten, wer findet Hausaufgaben nicht lästig? Zwangsläufig werden Sie also alle Fragen mit »ja« beantworten.

Ob das Institut hält, was es Ihnen verspricht, stellt sich vielleicht erst später heraus – vielleicht auch so spät, daß Sie bereits Hunderte von Mark ausgegeben haben, bevor Sie erkennen, daß es weitaus bessere Lehrmethoden und Lehrer gibt. Prüfen Sie also auch hier genau, worauf Sie sich einlassen (siehe Kapitel »Checkliste Qualitätsmerkmale«).

Lassen Sie sich ausführliche Prospekte zusenden, und stellen Sie sich folgende Fragen, die Sie wirklich mit »ja« beantworten sollten:
- Gibt Ihnen das Institut Gelegenheit zu einer Probestunde?
- Ist ein Einstufungstest vorgesehen?
- Wird Ihnen zugesagt, daß sich die anderen Teilnehmer auf Ihrem sprachlichen Niveau befinden? Sitzen nämlich Anfänger und Fortgeschrittene zusammen in einem Kurs, ist der eine schnell überfordert, während der andere sich unterfordert fühlt.
- Ist die Teilnehmerzahl angegeben? Mehr als zehn bis zwölf Personen sollten es nicht sein.
- Ist die Lehrgangsdauer genau angegeben?
- Schließt der Kurs (idealerweise!) mit einem Sprachdiplom ab?
- Sagt Ihnen das Institut Festpreise über die gesamte Kursdauer zu?
- Besteht die Schule (z. B. in den alten Bundesländern) schon

länger beziehungsweise verfügt das Lehrpersonal über ausreichende Unterrichtserfahrung? Idealerweise verfügen Sprachlehrer nicht nur über eine Fremdsprachenausbildung, sondern auch über eine zusätzliche pädagogische Ausbildung. Fremdsprachenkenntnisse allein genügen in der Regel nicht, um Ihnen auch die Grammatik und die stilistischen Feinheiten einer Sprache zu vermitteln.
- Verfügt das Institut über Referenzen, zum Beispiel von Firmen, für die es tätig ist oder war? Werden Ihnen Zahlen von Absolventen genannt, die erfolgreich ein Sprachdiplom abgelegt haben?
- Ist die Bezahlung geregelt? Ist eine angemessene Ratenzahlung möglich?
- Ist das Sprachinstitut idealerweise Mitglied des »Verbandes deutscher Privatschulen« (VDP)? Der Verband nimmt nach eigenen Angaben nämlich nur Schulen und sonstige Bildungseinrichtungen auf, die
  ● über die sachlichen und personellen Voraussetzungen für einen geordneten Schul- und Weiterbildungsbetrieb verfügen;
  ● für alle Vertragspartner angemessene Vertragsbedingungen bieten;
  ● sich in geordneten wirtschaftlichen Verhältnissen befinden und
  ● eine seriöse Werbung und Selbstdarstellung betreiben.

b) Besondere Sprachkurse
Crash-, Intensiv- und Schnellkurse
Diese Kurse haben alle eines gemeinsam: Der Unterricht findet sehr konzentriert statt, zum Beispiel in einer Woche oder in mehreren Wochen sechs bis acht Stunden am Tag, und das montags bis freitags. Hauptziel ist es, daß Sie in möglichst kurzer Zeit die Grundlagen oder – wenn Sie bereits fortge-

schritten sind – die Feinheiten einer Sprache beherrschen lernen, um sich in einem fremden Land verständigen zu können. Ziel kann es aber auch sein, daß Sie in einem Speziallehrgang möglichst schnell wirtschaftswissenschaftliche oder technische Sprachkenntnisse erlangen, um mit Geschäftspartnern aus anderen Ländern verhandeln zu können. Dies setzt allerdings bereits solide Kenntnisse voraus.

Wenn Sie sich für einen solchen Kurs interessieren, sollte gewährleistet sein, daß Sie die Sprache auch wirklich bald praktisch anwenden. Die Gefahr, daß Sie schnell vieles von dem, was Sie gelernt haben, wieder vergessen, ist nämlich groß. Denken Sie daran: Gerade Sprachkenntnisse leben davon, daß sie immer wieder aufgefrischt beziehungsweise praktisch angewendet werden!

Ein Crashkurs bringt Ihnen nur etwas, wenn Sie mehr als vier Stunden am Tag lernen und wenn nicht mehr als sechs Personen teilnehmen. Schließlich können Sie für Ihr Geld – günstig sind solche Kurse ja nicht – erwarten, daß sich das Lehrpersonal auch ausgiebig mit Ihnen auseinandersetzt, daß Sie also wirklich etwas lernen.

Denken Sie natürlich ebenfalls daran, Preise und Leistungen der einzelnen Veranstalter sorgfältig zu vergleichen!

Superlearning
Was alles unter diesem Titel angeboten wird, ist häufig mit Vorsicht zu genießen. Wer Superlearning im Programm hat, verspricht Ihnen, daß Sie ohne viel stures Grammatik- und Vokabellernen innerhalb kürzester Zeit, vielleicht schon innerhalb von ein oder zwei Tagen, eine Sprache beherrschen. Die Methode von Superlearning: Entspannungsübungen, Aufnehmen des Textes (durch Vorlesen des Lehrers oder Abhören von Sprachkassetten) zunächst mit wacher, aktiver Konzentration, dann in entspanntem Zustand, während sanfte, meist klassi-

sche Musik läuft. Experten haben herausgefunden, daß sich mit »Superlearning« die Lerngeschwindigkeit gegenüber einem herkömmlichem Sprachkurs durchaus steigern läßt. Wenn Sie aber das Gelernte nicht sofort praktisch anwenden oder vertiefen, haben Sie es genauso schnell wieder vergessen. Außerdem muß Ihnen die Methode, überwiegend mit Entspannungsübungen zu arbeiten, liegen. Lassen Sie sich auf einen »Superlearning-Kurs« auf keinen Fall ein, ohne eine Probestunde vereinbart zu haben. Zudem setzt gerade Superlearning geschultes Lehrpersonal voraus. Fragen Sie also nach den Erfahrungen und nach eventuellen Referenzen der Veranstalter! Verspricht Ihnen ein Institut, daß Sie mit der Superlearning-Methode auch zu Hause allein arbeiten können, vergessen Sie das Angebot am besten schnell wieder. Eine Sprache ohne Anleitung zu lernen, das heißt nur aus Lehrbüchern oder anhand von Kassetten, ist ohnehin äußerst problematisch. Der Erfolg von Superlearning hängt zudem sehr stark davon ab, daß Sie auch die Entspannungsübungen beherrschen, daß Sie also von geschultem (!) Lehrpersonal angeleitet werden.
Auf alle Fälle gilt: Zunächst das Institut und den Vertrag gründlich prüfen, dann erst unterschreiben!

c) Sprachreisen

Haben Sie schon daran gedacht, das Angenehme mit dem Nützlichen, nämlich einen Urlaub mit einem Sprachkurs, zu verbinden? Es gibt heute nahezu kein Land mehr, in dem dies nicht möglich ist. Italienisch in Florenz und Siena, Spanisch in Madrid oder Malaga, Englisch in Großbritannien oder auf Malta, Französisch in Paris – in den Katalogen der meisten Reiseveranstalter fehlen diese Angebote und viele andere schon lange nicht mehr. Nur: Wie finden Sie sich am besten zurecht, welches ist ein gutes Angebot, welches ein schlechtes? Wer garantiert Ihnen, daß der Sprachunterricht auch wirklich effektiv ist?

Was Sie besonders bei Sprachreisen beachten sollten:
- Vergleichen Sie lieber die Angebote genauestens. Häufig arbeiten deutsche Reisebüros mit ein und demselben Sprachveranstalter im Ausland zusammen, bringen ihre Teilnehmer vielleicht sogar im selben Hotel unter – das Ganze aber zu unterschiedlichen Preisen.
- Die Angabe eines Pauschalpreises genügt nicht. Vielmehr sollte das Angebot auch Details über Unterricht, Unterkunft und Verpflegung, Betreuung und Freizeitgestaltung enthalten.
- Entscheiden Sie sich zunächst, ob Sie lieber in einem Hotel oder bei einer Familie während Ihres Auslandsaufenthaltes untergebracht werden möchten. Der Vorteil einer Familienunterkunft: Sie haben Anschluß an Einheimische, können Ihre Sprachkenntnisse, die Sie tagsüber in der Schule lernen, sofort praktisch anwenden. Der Nachteil: Wenn Sie sich mit der Familie nicht verstehen, mit der Sie auf engstem Raum zusammenleben, ist es oft nicht einfach, zu wechseln.
- Achten Sie darauf, daß Ihnen ein Einstufungstest, kleine Gruppen, regelmäßiger mehrstündiger Unterricht und muttersprachliches Lehrpersonal mit pädagogischer Ausbildung zugesagt werden. Zudem ist es ein Vorteil, wenn nicht nur Deutsche am Unterricht teilnehmen, sondern auch Schüler aus anderen Ländern. Das verringert die Gefahr, daß Sie sich doch nur auf deutsch unterhalten. Dann können Sie nämlich gleich einen Kurs zu Hause besuchen. Sinn einer Sprachreise ist es schließlich, die neuerworbenen Sprachkenntnisse möglichst häufig auch praktisch anzuwenden!
- Die Reise muß zudem zu einem Festpreis angeboten werden, das heißt, unterschreiben Sie keinen Vertrag mit einer sogenannten »Preisgleitklausel«, ausgenommen wenn ein kostenloses Rücktrittsrecht vom Vertrag festgelegt ist. Preisgleitklauseln enthalten das Recht des Reisebüros, den Preis der

Reise innerhalb einer bestimmten Zeit (zum Beispiel ein halbes Jahr nach Vertragsabschluß) zu erhöhen. Preiserhöhungen, wie teurerer Treibstoff oder Hotelkosten, werden in diesem Fall auf Sie abgewälzt. Buchen Sie also etwa um Weihnachten herum eine Sprachreise, die im August stattfindet, so achten Sie darauf, daß keine solche Klausel im Vertrag enthalten ist.

Die Kosten für Sprachreisen können Sie unter bestimmten Voraussetzungen entweder als Fortbildungs- oder als Werbungskosten steuerlich geltend machen (siehe Kapitel »Finanzämter«).

Ausführliche Informationen über Sprachreisen erhalten Sie bei der »Aktion Bildungsinformation« (siehe dort).

Weiterhelfen können Ihnen auch die Verbraucherorganisationen (siehe dort) oder der

Studienkreis für Tourismus e. V.
Postfach 1629
W – 8130 Starnberg,
der kostenlos eine Checkliste über Sprachreisen versendet.

Informieren Sie sich besser ausführlich, bevor Sie eine teure Reise buchen und beim Gespräch vor Ort von anderen Teilnehmern erfahren, daß sie für das gleiche Angebot bei einem anderen Veranstalter wesentlich weniger gezahlt haben! Der Ärger könnte programmiert sein!

4. Zweiter Bildungsweg

Für all diejenigen, die nach dem Hauptschulabschluß oder nach der Mittleren Reife in den Beruf eingestiegen sind und erst später merken, daß Interesse, Intelligenz, Begabung und Ausdauer da sind, um das Abitur nachzuholen und vielleicht doch zu studieren, gibt es den Zweiten Bildungsweg. Darunter versteht man, strenggenommen, alle Möglichkeiten, unabhängig von einer bestimmten Berufsausbildung zur allgemeinen, also nicht fachgebundenen Hochschulreife zu kommen. Nicht dazu zählen Berufsaufbauschulen und Berufs- und Fachoberschulen, deren Abschluß nur zum Besuch bestimmter weiterführender Bildungsgänge berechtigt.

Der Zugang zur Universität, auch ohne Abitur, ist zum Teil bereits möglich. So hat etwa Schleswig-Holstein ein entsprechendes Gesetz verabschiedet. Umstritten ist diese neue Möglichkeit aber allemal. Einer der Kritikpunkte lautet, daß das entsprechende Vorwissen fehlt, um wirklich optimal studieren zu können. Da ist sicherlich etwas Wahres dran, lernt man doch während der Vorbereitung zum Abitur nicht nur eine Menge Fachwissen, sondern auch das systematische Arbeiten und das komplexe Hinterfragen von Themen – genau die Kriterien, die für ein erfolgreiches Studium notwendig sind. Der Wechsel in die Universität, im Extremfall »nur« mit Hauptschulabschluß, einer abgeschlossenen Berufsausbildung und längerer Berufstätigkeit, ist in vielen Fällen auch tatsächlich gewagt. Eine Ausnahme stellt der Besuch einer Fachhochschule dar, die genau Ihrem Berufszweig entspricht.

Wie auch immer: Wer das Abitur auf dem klassischen Zweiten Bildungsweg nachholt, sei es, um zu studieren, sei es, um im angestammten Beruf aufzusteigen, muß sich darüber im klaren sein, daß dies nicht unbedingt leicht ist. Bis zu vierzig Prozent der Schüler, je nach Schulart, steigen vor dem Abschluß aus. Das Abitur auf Abendgymnasien und Kollegs haben aber 1990 zum Beispiel immerhin fast siebentausend Schüler und Schülerinnen bestanden.

Zwar sieht es so mancher Arbeitgeber gar nicht gerne, wenn neben dem Beruf für das Abitur gelernt wird, befürchtet er doch, daß die Kraft für einen vollen Arbeitseinsatz nicht mehr genügt. Wer das Abitur aber dann in der Tasche hat, hat durchaus Chancen, auf der Karriereleiter ein Stück höher zu klettern. Bei Personalchefs gelten Absolventen des Zweiten Bildungsweges nämlich als besonders ehrgeizig, zielstrebig und karriereorientiert.

Im folgenden die Möglichkeiten, die zum Abitur führen:

1.) Staatliche und städtische Einrichtungen:
a. Abendgymnasien
Für diesen Bildungsweg haben sich die Kultusministerien der Länder auf bestimmte einheitliche Zulassungs-, Unterrichts- und Prüfungsbedingungen geeinigt. So dauert der Besuch des Abendgymnasiums mindestens drei und höchstens vier Jahre. Nachgewiesen werden muß eine abgeschlossene Berufsausbildung oder eine mindestens dreijährige geregelte Berufstätigkeit. Arbeitslosigkeit kann in begründeten Einzelfällen berücksichtigt werden, die Führung eines Familienhaushaltes gilt als Berufstätigkeit. Fehlt der Realschulabschluß, muß zunächst ein Vorkurs von mindestens halbjähriger Dauer besucht werden, in dem vor allem Deutsch, eine Fremdsprache und Mathematik auf dem Stundenplan steht. Wer ein Abendgymnasium besucht, muß mit Ausnahme der letzten drei Halbjahre berufstätig sein.

Unterrichtet wird an vier oder fünf Abenden pro Woche, teilweise auch am Samstagvormittag. Ähnlich wie an Gymnasien wird zunächst allgemeiner Unterricht abgehalten, bevor Grund- und Leistungskurse gewählt werden können. Das Abiturzeugnis berechtigt zum Studium an allen Hochschulen in der Bundesrepublik.

Der große **Vorteil** von Abendgymnasien liegt auf der Hand: Sie müssen nicht aus dem Beruf aussteigen, das Gehalt geht weiterhin regelmäßig auf Ihrem Konto ein, und Sie stehen nicht vor dem Problem der Arbeitslosigkeit, falls Sie merken, daß Ihnen der Schulbesuch doch nicht liegt.

Der klare **Nachteil**: Freizeit, Familienleben und Urlaub –

schließlich müssen Sie ja auch noch Hausaufgaben machen und auf Prüfungen lernen – bleiben für drei bis vier Jahre auf der Strecke. Zudem ist es nicht leicht, sich nach einem anstrengenden Berufstag noch mal auf drei oder vier Stunden Unterricht zu konzentrieren.

b. Kollegs (Institute zur Erlangung der Hochschulreife)
Auch hierüber gibt es eine Einigung der Kultusministerien. Für Dauer und Zulassungsvoraussetzungen gilt dasselbe wie bei Abendgymnasien. Zusätzlich ist allerdings eine Eignungsprüfung abzulegen oder ein mindestens halbjähriger Vorkurs erfolgreich zu absolvieren. Den Ländern steht es zudem frei, nur Bewerber mit Realschulabschluß zuzulassen oder bei Realschulabsolventen auf die Eignungsprüfung zu verzichten. Der Unterricht findet, wie an normalen Gymnasien auch, tagsüber statt. Zusätzliche Berufstätigkeit ist nicht erlaubt.
Der **Vorteil** eines Kollegbesuches: Sie können sich uneingeschränkt auf den Unterricht konzentrieren, und es bleibt ausreichend Zeit für Hausaufgaben und Prüfungsvorbereitungen.
Die **Nachteile**: Sie müssen aus einem vielleicht sicheren Job aussteigen, und Sie verfügen für längere Zeit über weniger Geld. Berufsausbildungsförderung wird zwar gezahlt, der Betrag ist aber in der Regel wesentlich niedriger als das, was Sie bisher verdient haben.

c.»Begabtenreifeprüfung« (Prüfung für den Hochschulzugang besonders befähigter Berufstätiger)
Das Ziel hier ist, berufstätigen Erwachsenen, die aufgrund ihrer Begabung, ihrer Persönlichkeit und ihrer Vorbildung für ein Hochschulstudium in Frage kommen, die Möglichkeit zu geben, eine Prüfung für den Hochschulzugang abzulegen, ohne daß lange Jahre eine Schule besucht werden muß.
Zugangsvoraussetzungen sind unter anderem ein Mindestalter

von fünfundzwanzig Jahren, eine abgeschlossene Berufsausbildung und eine anschließende, mindestens fünfjährige Berufstätigkeit. Nicht zugelassen wird, wer bereits eine fachgebundene Hochschulreife hat und nur eine Ergänzungsprüfung zur Erlangung der allgemeinen Hochschulreife ablegen müßte. Zudem muß nachgewiesen werden, daß ein Schulbesuch nicht mehr zuzumuten ist und daß man sich »angemessen« auf die Prüfung vorbereitet hat, entweder zu Hause oder in speziellen Kursen, die zum Beispiel an einigen Abendgymnasien oder Volkshochschulen angeboten werden.
Prüfungsfächer sind ein wissenschaftliches Fachgebiet, eine Fremdsprache oder Mathematik, Geschichte und die Fächergruppen Erdkunde/Sozialkunde/Wirtschaft und Rechtslehre.
Die **Vorteile** der Begabtenprüfung: Sie müssen ebenfalls nicht unbedingt Ihren Job kündigen, und Sie können das, was Sie im Beruf tagtäglich machen, zum Begabungsfach wählen. So könnte sich beispielsweise eine Krankenschwester für Medizin, eine Sekretärin oder Sachbearbeiterin für Betriebswirtschaftslehre entscheiden. Da die Prüfungen zweimal jährlich stattfinden, können Sie sich zudem dann anmelden, wenn Sie glauben, die Vorbereitungen abgeschlossen zu haben.
Die **Nachteile**: Die Prüfung ist sehr schwer. So haben im vergangenen Jahr beispielsweise in Bayern nur 45 von 98 Bewerbern bestanden, nicht einmal fünfzig Prozent also. Eine weitere Schwierigkeit ist, daß Sie Ihre Prüfer und damit deren Fachgebiete in der Regel erst am Prüfungstag kennenlernen. Sie müssen also einen sehr umfassenden Überblick über alle Fächer haben.

d. Abiturprüfung für Nichtschüler
Hier wird an einem Gymnasium vor Ort eine sogenannte »Externenprüfung« abgelegt. Zulassungsvoraussetzungen sind ein Mindestalter von neunzehn Jahren und der Nachweis, daß man

sich ausreichend auf die Prüfung vorbereitet hat. Wer im Jahr vor der Prüfung ein Gymnasium oder ein Kolleg besucht hat, darf nicht teilnehmen. Zur Prüfungsvorbereitung sind Volkshochschulkurse oder Fernunterricht (siehe unten und Kapitel Fernunterricht) zu empfehlen.

Von **Vorteil** könnte diese Möglichkeit sein, wenn Sie die Schule irgendwann kurz vor dem Abitur abgebrochen haben, das nötige Wissen also erworben worden ist und nur ergänzt und aktiviert werden muß.

Von **Nachteil** auch hier, daß Sie die Prüfer und deren Fachgebiete nicht genau kennen.

2) Private Anbieter:

a. Abitur bei privaten Bildungseinrichtungen vor Ort

Auch private Institute bieten die Möglichkeit an, einen allgemeinen Bildungsabschluß, sei es Mittlere Reife, sei es Abitur, nachzuholen. Hier gelten die gleichen Kriterien wie beim Besuch von anderen Kursen bei privaten Einrichtungen auch. Beachten Sie die Vor- und Nachteile (siehe oben, Abendgymnasien und Kollegs), und richten Sie sich bei der Wahl eines Instituts am besten nach der Checkliste im Kapitel »Wie unterscheiden Sie ein gutes von einem schlechten Angebot?«.

b. Abitur per Fernunterricht

Hier kommt das Unterrichtsmaterial per Post, regelmäßige Kontrollaufgaben und die Möglichkeit, an begleitendem Unterricht vor Ort teilzunehmen, garantieren, daß der Lernstoff auch verstanden wird. Fernunterricht bieten in der Regel nur private Institute an.

Worauf man achten sollte: Lehrgänge müssen den Prüfstempel der Staatlichen Zentralstelle für Fernunterricht tragen, ein Kostenvergleich (Teilnahme- und Prüfungsgebühren, Nebenkosten für Lehrmaterial) bei mehreren Anbietern ist dringend angeraten. Fernlehrinstitute bereiten vor allem auf das Externenabitur vor Ort und auf die Begabtenreifeprüfung vor.

Die **Vorteile**: Sie können in Ruhe zu Hause lernen, und zwar dann, wenn Sie Zeit haben. Die Testaufgaben zeigen Ihren Wissensstand, und im besten Fall stehen Lehrer zur Verfügung, die Ihre Fragen beantworten.

Der **Nachteil** ist, daß es bis zur Prüfung wesentlich länger dauern kann, als wenn Sie eine Weile aus dem Beruf aussteigen. Zudem kann Fernunterricht, je nach Dauer, teuer werden.

Für welchen Weg Sie sich entscheiden: In der Regel gibt es für die Zeit, in der Sie aus dem Beruf aussteigen, elternunabhängige Unterstützung aufgrund des Bundesausbildungsförderungsgesetzes (BAFöG). Zudem können Sie die Kosten für die Weiterbildung, zum Beispiel für Lehrmaterial, Fahrten zur Ausbildungsstätte, Fachbücher oder Fernunterrichtsgebühren, steuerlich geltend machen (siehe Kapitel »Wer hilft bei der Finanzierung von Weiterbildung?« Bundesausbildungsförderung und Finanzämter).

5. Weiterbildung: Männersache?
   Tips für Frauen

»Was den männlichen Kollegen in den Unternehmen recht ist, ist den weiblichen Führungskräften noch lange nicht billig, wenn es um die berufliche Weiterbildung geht.« So betitelt der Deutsche Sekretärinnen-Verband eine Pressemitteilung. Was der Verband herausgefunden hat: Nur die Hälfte aller Sekretärinnen hat bei ihren Weiterbildungsaktivitäten von ihren Arbeitgebern finanzielle und terminliche Unterstützung erfahren. Dagegen sei die Teilnahme an Fachtagungen, Messen sowie an internen und externen Seminaren für – meist männliche – Sachbearbeiter oder Führungskräfte selbstverständlich.

Die Frauen selbst, so hat es auch die Bundesanstalt für Arbeit festgestellt, haben zwar in den letzten Jahren in der beruflichen Weiterbildung aufgeholt, könnten jedoch auf diesem Gebiet noch viel mehr tun. Die meisten großen Unternehmen haben inzwischen (wohl wegen des männlichen Fach- und Führungskräftemangels) erkannt, daß auch in die Weiterbildung von Frauen investiert werden muß. So bieten inzwischen zahlreiche Unternehmen Frauen während der Babypause die Möglichkeit, an internen, teilweise aber auch an externen Maßnahmen teilzunehmen, um so bei der Berufsrückkehr auf dem neuesten Wissens- und Informationsstand zu sein.

Schöpfen Sie also zunächst einmal das aus, was Ihnen Ihre Firma bietet. Lesen Sie eventuell vorhandene Frauenförderpläne genau durch, und fragen Sie auch bei der Frauenbeauftragten- oder bei der Gleichstellungsstelle (z. B. in Städten oder Kommunen) nach, inwieweit eine Förderung bei Ihrer Fortbildung möglich ist.

Weitere Ansprechpartner für Frauen sind die entsprechenden Berufsorganisationen und Netzwerke.

Immer mehr Arbeitnehmerinnen und Selbständige schließen sich in Verbänden zusammen. Die Ziele sind hier nicht nur Informationsaustausch und Vertretung von Fraueninteressen nach außen, sondern auch konkrete Beratung und Angebote, auch in Fragen der Fort- und Weiterbildung. In der Regel sind diese Informationen für die Mitglieder der Verbände gedacht. Aber vielleicht haben Sie ja ohnehin schon länger den Wunsch nach Erfahrungs- und Meinungsaustausch mit (beruflich) »Gleichgesinnten«.

Inzwischen wurden auch zahlreiche Netzwerke gegründet, die Frauen verschiedenster Berufssparten offenstehen. Gemeinsam ist diesen Netzwerken, daß sie die Interessen berufstätiger Frauen vertreten. So beschreibt zum Beispiel der Verband Berufstätiger Frauen seine Ziele wie folgt:

»Auf überparteilicher, überkonfessioneller und demokratischer Grundlage will der Verband die Interessen der berufstätigen Frauen wahren, indem er Frauen anregt, berufliche und öffentliche Verantwortung zu übernehmen, verbesserte Ausbildungsmöglichkeiten für Mädchen und Frauen fordert, auch durch eigene Maßnahmen ihre Fort- und Weiterbildung fördert, Forderungen der berufstätigen Frauen öffentlich vertritt, an der Weiterentwicklung der sozialen Sicherung der berufstätigen Frauen mitwirkt, die Zusammenarbeit der Frauen in allen Berufen und allen Ländern fördert.«

Die Netzwerke beraten zum einen in Weiterbildungsangelegenheiten, zum anderen sind sie selbst auch Anbieter, zum Beispiel von Management-, Rhetorik- und Existenzgründungsseminaren, zum Teil sogar von diversen Sprachkursen speziell für Frauen.

Sowohl spezielle Berufsverbände als auch Netzwerke, die Frauen mit unterschiedlicher Ausbildung beraten, haben über das ganze Bundesgebiet verstreut regionale Gruppen und Ansprechpartner.

Bei folgenden Adressen erfahren Sie mehr:

Berufsverband der Arzt-, Zahnarzt-
und Tierarzthelferinnen
Bissenkamp 12-16
4600 Dortmund 1
Tel.: (0231) 579045

Berufsverband hauswirtschaftlicher
Fach- und Führungskräfte e. V.
Esslinger Straße 8
7053 Kernen
Tel.: (07151) 43770

Bund Deutscher Sekretärinnen e. V.
Zentnerstraße 42
8000 München 40
Tel.: (089) 271 68 73

Deutscher Sekretärinnen-Verband e. V.
Langewiesenstraße 1a
6700 Ludwigshafen 14
Tel.: (0621) 69 59 65

Bundesverband der Meisterinnen der Hauswirtschaft
Wimphelingstraße 5
6720 Speyer
Tel.: (06232) 9 25 01

Bundesverband Deutscher Kosmetikerinnen e. V.
Liesegangstraße 10
4000 Düsseldorf 1
Tel.: (0211) 36 56 91

Deutscher Ärztinnenbund e. V.
Herbert-Lewin-Straße 5
5000 Köln 41
Tel.: (0221) 40 04 2 82

Deutscher Akademikerinnenbund e. V.
Weitlingstraße 8
8500 Nürnberg
Tel.: (0911) 67 31 28

Deutscher Berufsverband der Sozialarbeiter
und Sozialpädagogen e. V.
Bundesgeschäftsstelle
Schützenbahn 17
4300 Essen
Tel.: (0201) 23 96 66

Deutscher Ingenieurinnenbund e. V.
Geschäftsstelle
Postfach 110305
6100 Darmstadt

Deutscher Journalistinnenbund e. V.
c/o Anwaltskanzlei Rosenbeck und Weisbart
Grüneburgweg 3
6000 Frankfurt 1
Tel.: (069) 590931

Deutscher Juristinnenbund
Vereinigung der Juristinnen,
Volkswirtinnen und Betriebswirtinnen e. V.
(DJB)
Sträßchensweg 28
5300 Bonn 1
Tel.: (0228) 238613

Deutscher Landfrauenverband e. V.
Godesberger Allee 142-148
5300 Bonn 2
Tel.: (0228) 378051-52

Deutscher Verband Technischer Assistenten
in der Medizin e. V.
Spaldingstraße 110 B
2000 Hamburg
Tel.: (040) 231436

Verband der weiblichen Angestellten e. V.
Konstantinstraße 33
5300 Bonn 2
Tel.: (0228) 358114

Ein paar Beispiele für Netzwerke, die Frauen verschiedenster Berufe offenstehen:

Deutscher Verband Berufstätiger Frauen e. V.
Schornstraße 8
8000 München 80
Tel.: (089) 4485746

pömps e. v. – Netzwerk für Frauen
(Partizipation in Öffentlichkeit,
Management, Politik und Sozialem)
Bundesstraße 5, Nr. 37
2221 Barlt
Tel.: (04857) 267

Berufsverband der Frau im
Mittelstand, im freien Beruf
und im Management
(B.F.M.)
Ehrwalder Straße 85
8000 München 70
Tel.: (089) 7116558

Gewerkschaften
Speziell für die Förderung von Fort- und Weiterbildung von Frauen setzen sich auch die Gewerkschaften ein. Fragen Sie am besten bei den Arbeitnehmervertreterinnen vor Ort nach. Sie können sich aber auch an folgende Adresse wenden, die Ihnen dann Ansprechpartner vor Ort nennen.
Nennen Sie am besten bei einer Anfrage Ihren Berufszweig, da zum Beispiel der Deutsche Gewerkschaftsbund die Interessen der in ihm zusammengeschlossenen siebzehn Einzelorganisationen vertritt.

Deutscher Beamtenbund
Bundesfrauenvertretung
Dreizehnmorgenweg 36
5300 Bonn 2
Tel.: (0228) 8110

Deutscher Gewerkschaftsbund (DGB)
Bundesvorstand – Abteilung Frauen
Hans-Böckler-Straße 39
4000 Düsseldorf 30
Tel.: (0211) 43010

Deutsche Angestellten-Gewerkschaft
Hauptabteilung Weibliche Angestellte
Karl-Muck-Platz 21
2000 Hamburg 36
Tel.: (040) 34915-448

IX. Wer fördert Auslandsaufenthalte?

Vielleicht wollen Sie eine Zeitlang im Ausland studieren oder arbeiten. Hierfür gibt es zahlreiche Hilfen und Stipendien beziehungsweise Zuschüsse. Es lohnt sich durchaus, sich bei den folgenden Organisationen nach Förderungsbedingungen und -möglichkeiten zu erkundigen oder anhand der weiterführenden Adressen nachzuforschen, ob Sie bei einem Auslandsaufenthalt unterstützt werden.
Auch hier gilt, wie bei den anderen Weiterbildungsangeboten, daß Sie die Eigeninitiative ergreifen müssen und die ausführlichen Programme schriftlich anfordern sollten.

1. Deutscher Akademischer Austauschdienst

»Sprache und Praxis in Japan«, das Studium ostasiatischer Sprachen, Forschung am Europäischen Hochschulinstitut Florenz, Sprachkurse in europäischen oder außereuropäischen Ländern, kurzfristige Studienaufenthalte für bildende Künstler, Jura in Genf und Lausanne – das sind nur einige Programme, für die der Deutsche Akademische Austauschdienst (DAAD) Stipendien vergibt.
Gefördert werden Auslandsaufenthalte für junge Leute, die noch studieren, aber auch für Graduierte und Promovierte, die Gelder für die wissenschaftliche und künstlerische Fortbildung, zum Beispiel für Ergänzungs- und Aufbaustudien, und zu Forschungsaufenthalten für die Doktorarbeit sowohl im europäischen als auch im außereuropäischen Ausland erhalten können. Der Studienabschluß sollte in der Regel nicht länger als

zwei, in einigen Fällen nicht länger als vier Jahre zurückliegen. Möglich sind, je nach Programm, sowohl kurzfristige Studienaufenthalte als auch Semester- und Jahresstipendien. Wieviel und wofür gezahlt wird, hängt vom jeweiligen Programm und vom Studienland ab. Normalerweise handelt es sich um einen monatlichen Stipendiengrundbetrag und um eine Auslandszulage, die jährlich den veränderten Lebenshaltungskosten in den Aufenthaltsländern angepaßt wird. Außerdem werden die Studiengebühren, die die jeweilige Auslandsuniversität in Rechnung stellt, bezahlt. Möglich ist es auch, daß der DAAD die Kranken-, Unfall- und Haftpflichtversicherung übernimmt. Manchmal ist aber auch eine finanzielle Eigenbeteiligung notwendig. Die Stipendien stehen Studierenden aller wissenschaftlichen und künstlerischen Fachrichtungen offen, und zwar sowohl von Wissenschaftlichen Hochschulen als auch von Fachhochschulen und von Gesamthochschulen. Ausgenommen sind lediglich Darstellende Kunst/Schauspiel, Tanz, Tanztherapie und -pädagogik und Pantomime.

Je nach Programmen und Zielregionen unterscheiden sich die Auswahlverfahren. Zwei Grundregeln gibt der DAAD allerdings für die zentrale Auswahl in den längerfristigen Programmen ein:

- Die Auswahl erfolgt durch unabhängige Kommissionen von Hochschullehrern; die Mitarbeiter des DAAD haben kein Stimmrecht

und:

- Wesentliches Entscheidungskriterium ist die fach- und studienbezogene sowie die persönliche Eignung, belegt durch die akademischen Leistungsnachweise, durch Gutachten Ihrer Hochschullehrer und durch die Beschreibung Ihres Studien- oder Forschungsvorhabens. In einzelnen Programmen werden Bewerber zusätzlich zu einer Vorstellung eingeladen.

Zur Zeit gibt es im Durchschnitt viermal so viele Bewerber wie

Stipendien. Dadurch sollten Sie sich aber ebensowenig entmutigen lassen wie durch die umfangreichen Antragsunterlagen, die Ihnen für die jeweiligen Programme vom DAAD zugesandt werden und die Sie sorgfältig ausfüllen müssen. Eine Bewerbung lohnt sich vor allem dann, wenn Sie meinen, die fachlichen Qualifikationen zu erfüllen, wenn Sie klare Vorstellungen haben, was Sie im Ausland lernen wollen, und wenn Sie zudem – die Voraussetzung vor allem für ein Stipendium im englischen, französischen, italienischen und spanischen Sprachraum – über gute Kenntnisse der Sprache des Gastlandes verfügen.
Werden Sie schließlich zu einem Vorstellungsgespräch eingeladen, das möglicherweise nur zwanzig Minuten dauern kann, gilt: Es geht den Prüfern nicht allein darum, Ihr fachliches Wissen und Ihre Sprachkenntnisse zu prüfen (das Gespräch wird in der Regel in der Sprache des Gastlandes geführt). Vielmehr will die Kommission, der Sie gegenübersitzen, auch etwas über Sie persönlich erfahren – vor allem, wie Sie mit unerwarteten Situationen, die im Ausland auf Sie zukommen könnten, zurechtkommen. Deshalb werden Sie sicherlich mit so mancher Frage konfrontiert, die man sogar bei einer noch so guten Vorbereitung nicht beantworten kann. Das, so berichtet mancher Teilnehmer am Auswahlverfahren im nachhinein, ist von der Prüfungskommission durchaus beabsichtigt. Zucken Sie nämlich nur die Schultern, wenn Sie eine Frage nicht beantworten können, stehen Ihre Chancen sicherlich schlechter, als wenn Sie zum Beispiel sagen, Sie wüßten im Moment keine Antwort, würden sich aber in solchen Fällen beispielsweise in eine Bibliothek begeben oder Fachleute fragen. Im Klartext: Je schlagfertiger und flexibler Sie sind, je mehr Sie die Kommission davon überzeugen können, daß Sie auch mit Situationen fertig werden, die für Sie neu sind, je mehr Sie auch fachlich überzeugen können, desto größer sind Ihre Chancen, an eines der begehrten Stipendien zu kommen.

Ausführliche Informationen über die einzelnen Stipendienprogramme und über die Bewerbungsvoraussetzungen, aber auch über die Förderung von Auslandsaufenthalten anderer Organisationen, enthält das Buch »Auslandsstipendien für Deutsche 1992/93«, das beim DAAD kostenlos erhältlich ist.

Geschäftsstelle Bonn-Bad Godesberg
Deutscher Akademischer Austauschdienst
Kennedy-Allee 50
W – 5300 Bonn 2
Tel.: (0228) 8820/1

Zuständig für die Durchführung von Programmen in den neuen Ländern ist die Arbeitsstelle des DAAD in Berlin-Mitte.

Arbeitsstelle Berlin-Mitte
Deutscher Akademischer Austauschdienst
Marx-Engels-Platz 2
O – 1020 Berlin

2. Carl-Duisberg-Gesellschaft (CDG)

Die »Carl-Duisberg-Gesellschaft« ist eine Gemeinschaftsaktion von Wirtschaft und Staat. Mitglieder sind etwa tausend Unternehmen, Organisationen und Einzelpersönlichkeiten der Wirtschaft. Mit rund zwanzig Millionen Mark jährlich gibt die CDG die nichtfinanziellen Leistungen der Wirtschaft an, wobei es sich vorwiegend um die Bereitschaft von Praktikantenplätzen handelt. Der Staat engagiert sich mit etwa hundert Millionen Mark im Jahr für Programm-, Sach- und Personalkosten. Vorrangiges Ziel der Carl-Duisberg-Gesellschaft ist die internationale berufliche Weiterbildung, und zwar nicht in erster Linie, wie etwa beim Deutschen Akademischen Austauschdienst, für Hochschulabsolventen.

So erhalten beispielsweise Landwirte, Gärtner, Fachkräfte des Hotel- und Gaststättengewerbes oder aus Wirtschaft und Touristik ebenso wie Angestellte und Auszubildende aus dem kaufmännischen Bereich, Führungskräfte aus dem Bankwesen, Fremdsprachensekretärinnen, Handwerker, Fach- und Führungsnachwuchskräfte mit abgeschlossener Berufsausbildung, vorwiegend aus dem technischen Bereich, die Gelegenheit, eine Zeitlang ins Ausland zu gehen, um dort zu lernen und zu arbeiten, und zwar in aller Welt.

Die Aufenthaltsdauer reicht von einer Woche, zum Beispiel Informationsaufenthalte für junge Berufstätige aus dem kaufmännischen Bereich in Frankreich, bis zu einundzwanzig Monaten etwa für Landwirte, Forstwirte, Agraringenieure, Gärtner, Landschaftsplaner, Gartenbauarchitekten und Winzer, die an einer amerikanischen Universität drei Monate lang studieren und ein neun- bis achtzehnmonatiges Berufspraktikum absolvieren. Angesprochen sind in der Regel Interessenten von zwanzig bis dreißig, zum Teil aber auch bis fünfzig Jahren.

Größtenteils wird vorausgesetzt, daß Sie sich selbst auf die Suche nach einem bezahlten Praktikantenplatz machen – was gar nicht so einfach, aber auch nicht unmöglich ist. Erste Ansprechpartner, die Ihnen weiterhelfen, können die Botschaften oder Konsulate der jeweiligen Länder sein. Deren Adressen erfahren Sie über das

Auswärtige Amt
Adenauer-Allee 99-103
W – 5300 Bonn 1

In der Regel sind für die Auslandsaufenthalte Teilstipendien durch verschiedene Ministerien oder Stiftungen vorgesehen. Eine weitere Finanzierungsquelle ist das Praktikantengehalt. Sie müssen aber auch mit einer Eigenbeteiligung rechnen, die

bei längerfristigen Aufenthalten zwischen 3000 oder 4000 Mark bis zu 10000 Mark, teilweise auch mehr, betragen kann! Diese Aufwendungen können Sie später als Fortbildungs- oder Werbungskosten von der Steuer absetzen.
Und: Auslandsaufenthalte sind immer eine Investition in die Zukunft. Schließlich könnte sich das auch auf dem Lohn- und Gehaltszettel bemerkbar machen.
Voraussetzungen für alle Programme sind gute bis sehr gute Sprachkenntnisse!
Ein Hinweis noch: Versteifen Sie sich bei der Wahl Ihres »Wunschlandes« möglichst nicht auf die USA. Rund siebzig Prozent aller Bewerber, so die Erfahrung der Carl-Duisberg-Gesellschaft, wollen dorthin. Klar ist, daß bei begrenzten Austauschmöglichkeiten und begrenzten finanziellen Mitteln und einer derartig hohen Bewerberzahl Ihre Chancen sinken, einen solchen Platz zu bekommen.
Einen Programmkatalog mit dem Titel »Berufliche Weiterbildung für Deutsche im Ausland« erhalten Sie bei der
Carl-Duisberg-Gesellschaft e. V.
Hohenstaufenring 30-32
W – 5000 Köln 1
Tel.: (0221) 2098-0

3. Andere Angebote

Um Transparenz in das weitere, schwer überschaubare Angebot an beruflicher Aus- und Weiterbildung im Ausland zu bringen, gibt die »Informations- und Beratungsstelle zur beruflichen Aus- und Weiterbildung für Deutsche im Ausland« (ISB) seit 1986 eine umfangreiche Broschüre heraus. Das Buch enthält derzeit Kurzbeschreibungen von Programmen von sechzig deutschen und ausländischen Anbietern. Daneben finden Sie

im Anhang Hinweise auf Institutionen, die Auslandsaufenthalte außerhalb des engeren Bereichs der beruflichen Aus- und Weiterbildung vermitteln. Die Informationen reichen dabei von der Organisation von Sprach- und Studienreisen über das Studium im Ausland bis hin zur Vermittlung von kurz-, mittel- oder langfristigen Arbeitsaufenthalten. Neben den Adressen solcher Institutionen finden Sie auch eine umfangreiche Literaturauswahl zu diesem Thema.
Das Heft »Berufliche Aus- und Weiterbildung für Deutsche im Ausland – Angebote deutscher Austauschorganisationen« erhalten Sie kostenlos bei der

Carl-Duisberg-Gesellschaft
Informations- und Beratungsstelle zur beruflichen
Aus- und Weiterbildung für Deutsche im Ausland (IBS)
Hohenstaufenring 30-32
W – 5000 Köln 1

4. Europäische Gemeinschaft

Finanzielle Unterstützung für einen kürzeren oder längeren Auslandsaufenthalt gewährt neben zahlreichen anderen Organisationen auch die Europäische Gemeinschaft (EG), die entweder selbst fördert oder Programme von anderen Organisationen oder Hochschulen unterstützt.
Die Programme richten sich an unterschiedliche Zielgruppen. Gefördert werden können etwa Studenten an Hochschulen, Unternehmenspersonal, Wissenschaftler, Fremdsprachenlehrer und Fremdsprachenausbilder, aber auch andere junge Arbeitnehmer und Arbeitsuchende von achtzehn bis achtundzwanzig Jahren.

ERASMUS

Zielgruppe sind Hochschulabsolventen aller Fachrichtungen, Graduierte bis zur Promotion und Dozenten aller Fachrichtungen. Gefördert werden soll mit diesem Programm die Zusammenarbeit im Hochschulwesen der EG bei gegenseitiger Anerkennung von Studienabschlüssen.

Vergeben werden Teilstipendien, sogenannte »Mobilitätszuschüsse«, die es ermöglichen sollen, eine Zeitlang im europäischen Ausland zu leben. Dies geht allerdings nur im Rahmen eines Kooperationsabkommens zwischen den einzelnen Universitäten. Die Universität, an der Sie studieren, muß also ein solches Abkommen mit einer anderen Universität abgeschlossen haben. Zuständig für das Programm ist der jeweils für das Programm verantwortliche deutsche Hochschullehrer.

Auskünfte erteilen für Studierende und Graduierte der

Deutsche Akademische Austauschdienst (DAAD)
Arbeitsstelle ERASMUS,
Kennedy-Allee 50
W – 5300 Bonn 2
Tel.: (0228) 882-327

für Dozenten das
ERASMUS-Büro
Rue-Arion
B – 1040 Brüssel
Tel.: (00322/322) 2310111

COMETT

Zielgruppe sind Studenten an Hochschulen und Unternehmenspersonal.

Gefördert werden soll mit diesem Programm die verstärkte Zusammenarbeit zwischen Hochschulen und Wirtschaft im Bereich der Aus- und Weiterbildung auf dem Gebiet der fortge-

schrittenen Technologie. Möglich sind unter anderem Betriebspraktika von Studierenden und der Personalaustausch zwischen Hochschulen und Unternehmen, dazu gemeinsame Aus- und Weiterbildungsprojekte von Hochschulen und Wirtschaft.
Ansprechpartner ist für Studenten der Deutsche Akademische Austauschdienst (siehe dort), Informationsstelle COMETT, für den
COMETT-Industriekontakt die
Arbeitsgemeinschaft, Industrieller
Forschungsvereinigungen e. V.
Bayernthalgürtel 23
W – 5000 Köln 51
Tel.: (0221) 37680-18

LINGUA
Zielgruppe sind Fremdsprachenstudierende.
Hiermit soll vor allem verstärkt die Ausbildung von künftigen Fremdsprachenlehrern gefördert werden. Vorgesehen sind unter anderem die Einrichtung eines europäischen Hochschulkontaktnetzes, Zuschüsse für Austauschprogramme von Lehr- und Verwaltungspersonal, die Vergabe von Teilstipendien für einen Studienaufenthalt von drei bis zwölf Monaten in anderen Mitgliedsstaaten der Gemeinschaft und die Förderung der Anerkennung von Studienleistungen.
Ansprechpartner ist der DAAD (Adresse siehe ERASMUS), Arbeitsstelle Lingua.

Praktika beim europäischen Parlament
Zielgruppe sind Jungakademiker (Studenten mit mindestens dreijähriger Hochschulausbildung).
Ziel ist die Vermittlung von Kenntnissen über die Arbeitsweise des Europäischen Parlaments. Dies soll zum einen durch zwei-

bis dreimonatige Praktika für Dolmetscher und Übersetzer erreicht werden, zum anderen wird die Durchführung von Studienvorhaben über Themen der Europäischen Gemeinschaft, insbesondere des Europäischen Parlaments, gefördert.
Ansprechpartner:
Europäisches Parlament
Generaldirektion Wissenschaft
(Robert-Schumann-Stipendien)
Generaldirektion Personal, Haushalt und Finanzen
(Dolmetscher und Übersetzer)
Büro 6/84a – Schumann-Gebäude
L – 2929 Luxemburg
Tel.: (00352) 43003697

Praktika bei der EG-Kommission
Zielgruppe sind Hochschulabsolventen, Studenten mit mindestens vierjährigem Hochschulstudium, Bewerber aus dem öffentlichen oder privaten Bereich, sofern sie einen Hochschulabschluß besitzen oder seit mindestens drei Jahren eine Referententätigkeit ausüben. Die Altersgrenze liegt bei dreißig Jahren. Durch dieses Praktikum soll das Kennenlernen der Ziele und Probleme der Einigung Europas und der Arbeitsweise der Kommission erleichtert werden. Zudem sollen die im Studium erworbenen Kenntnisse erweitert und angewendet werden. Möglich sind drei- bis fünfmonatige Verwaltungspraktika in allen Generaldirektionen, Ansprechpartner ist die

Kommission der Europäischen Gemeinschaften
Generalsekretariat – Praktikantenbüro
Rue de la Loi 200
B – 1049 Brüssel
Tel.: (00322/235) 51122/51631

Eine vollständige Liste der Programme und Ansprechpartner kann bezogen werden bei der

Vertretung der EG-Kommission
Zitelmannstraße 22
W – 5300 Bonn 1

Wer sich dafür interessiert, einen Teil seines Studiums im Ausland zu verbringen, sei es an einer Universität, sei es im Rahmen eines Praktikums bei einer Behörde oder einer Firma, erhält zahlreiche Informationen über die Möglichkeiten der finanziellen Förderung von Studien- und Praxisaufenthalten im Ausland beim Bundesministerium für Bildung und Wissenschaft. Angefordert werden können dort zum Beispiel die Broschüren »BAFöG 1992/93« und »Studium im Ausland«.

Bundesministerium für Bildung und Wissenschaft
Referat IV A 4
Heinemannstraße 2
5300 Bonn 2
Tel.: (0228) 572038

Einen ausführlichen Überblick über Studiensysteme, -voraussetzungen und -möglichkeiten in den zwölf Mitgliedsstaaten der Gemeinschaft gibt das Studentenhandbuch »Studieren in Europa«. Hier finden Sie auch eine Anschriftenliste aller Ansprechpartner, die zuständig sind für Fragen im Zusammenhang mit einem Studium im EG-Ausland. Wenn Sie das Buch nicht in Ihrer (Universitäts-)Bibliothek bekommen, können Sie es zum Preis von 36 Mark bestellen beim

Bundesanzeiger Verlagsgesellschaft mbH
Breite Straße
W – 5000 Köln 1

X. Wer hilft bei der Finanzierung der Weiterbildung?

1. Arbeitsämter

Eine Vielzahl von Fortbildungen und Umschulungen wird von den Arbeitsämtern finanziert.
Grundlage dafür ist das Arbeitsförderungsgesetz.
Danach werden Leistungen zur individuellen Förderung der beruflichen Fortbildung und Umschulung nur gewährt, wenn
- der Antragsteller beabsichtigt, innerhalb von vier Jahren nach Abschluß der Maßnahmen mindestens drei Jahre lang eine Beschäftigung in der Bundesrepublik Deutschland auszuüben, die die Beitragspflicht zur Bundesanstalt für Arbeit (Arbeitslosenversicherung) begründet;
- der Antragsteller für die angestrebte berufliche Tätigkeit geeignet ist und voraussichtlich mit Erfolg an der Bildungsmaßnahme teilnehmen wird,
- die Teilnahme an der Bildungsmaßnahme zweckmäßig ist im Hinblick auf die Ziele des Arbeitsförderungsgesetzes und unter Berücksichtigung von Lage und Entwicklung des Arbeitsmarktes.

Wer eine Förderung beantragt, muß bestimmte Voraussetzungen erfüllen:
- zum Beispiel eine abgeschlossene Berufsausbildung haben und danach mindestens drei Jahre beruflich tätig gewesen sein,
- wenn keine Berufsausbildung vorliegt, müssen Sie mindestens sechs Jahre berufstätig gewesen sein.

Auch Zeiten einer nicht abgeschlossenen Berufsausbildung, der Teilnahme an einer berufsvorbereitenden Bildungsmaßnahme und die Tätigkeit im eigenen Haushalt gelten hierbei als berufliche Tätigkeit.

Unter bestimmten Umständen können sich diese Zeiten auch verringern, zum Beispiel für jemanden, der
- bereits arbeitslos ist,
- keinen beruflichen Abschluß hat oder
- kurzarbeitet.

Vor allem, wenn Sie sich noch nicht über Ihre berufliche Zukunft im klaren sind, hilft Ihnen vielleicht ein Lehrgang, der Sie über Fragen der Wahl von Arbeitsplätzen und die Möglichkeiten der beruflichen Bildung unterrichtet. Der Besuch solcher Kurse wird vom Arbeitsamt unterstützt.

Ganz oder teilweise werden auf Antrag vom Arbeitsamt nicht nur Lehrgangsgebühren finanziert, sondern laut Arbeitsförderungsgesetz auch die Kosten für:
- Lernmittel
- Fahrten,
- Arbeitskleidung,
- Kranken- und Unfallversicherung sowie
- der Unterkunft und Mehrkosten der Verpflegung, wenn Sie an einer Maßnahme teilnehmen, die eine auswärtige Unterbringung erfordert.

Gewährt wird auch Unterhaltsgeld. Nehmen Sie zum Beispiel im Rahmen der beruflichen Qualifizierung an ganztägigem Unterricht teil, erhalten Sie ein Unterhaltsgeld von fünfundsechzig Prozent des letzten Nettogehaltes. Haben Sie Kinder, steigert sich dieser Betrag auf dreiundsiebzig Prozent. Nicht zuletzt wegen der Kosten der deutschen Einheit werden derzeit Einsparungen im Fort- und Weiterbildungsetat der Bundesanstalt für Arbeit vorgenommen. Zur Zeit der Drucklegung waren nähere Details noch nicht bekannt. Bitte erkundigen Sie sich also nach dem neuesten Stand bei Ihrem Arbeitsamt.

2. Finanzämter

a) Allgemeines
Investieren Sie selbst in Ihr berufliches Fortkommen, bekommen Sie also zum Beispiel keine Leistungen vom Arbeitsamt, wird das vom Finanzamt belohnt. Bei Ihrer jährlichen Lohnsteuer- oder Einkommensteuererklärung können Sie Ausgaben für Aus-, Fort- und Weiterbildung anführen. Zu unterscheiden sind dabei drei Möglichkeiten:

b) Fortbildungskosten
Unter Fortbildungskosten verstehen die Finanzämter Aufwendungen zur Weiterbildung in einem ausgeübten Beruf. In uneingeschränkter Höhe können diese Ausgaben als sogenannte Werbungskosten geltend gemacht werden. Daß Sie das Geld auch tatsächlich für Fortbildung ausgegeben haben, müssen Sie durch Quittungen nachweisen. Achten Sie also darauf, daß Sie vom Veranstalter des Fortbildungskurses einen Beleg bekommen, der vor allem die Art der Veranstaltung, die tatsächlichen Kosten und Ihren Namen enthält.
Was in der Regel außer Kurs- und Studiengebühren noch von der Steuer abgesetzt werden kann:
- Lehrmaterial und Übungsmaterialien (zum Beispiel Kassetten),
- Fachbücher und -zeitschriften,
- Prüfungsgebühren,
- Fahrtkosten zur Ausbildungsstätte,
- Übernachtungskosten sowie Mehraufwendungen zur Verpflegung in tatsächlicher oder pauschal in der für Dienstreisen bestimmten Höhe.

Die Finanzämter achten sehr darauf, daß die Fortbildungskosten auch tatsächlich dem Fortkommen im ausgeübten Beruf dienen. Eine Bürokauffrau wird sicherlich keine Schwierigkeiten bekommen, wenn sie die Kosten für einen Datenverarbeitungskurs in uneingeschränkter Höhe von der Steuer absetzen möchte. Probleme gibt es dagegen etwa, wenn ein Maurer einen Intensivkurs in Spanisch belegen möchte – außer, seine Firma macht nachweislich eine Filiale in einem spanischsprachigem Land auf und will diesen Maurer später als Arbeitnehmer dorthin schicken.

c) Weiterbildungskosten

Auf steuerliche Anerkennung müssen Sie aber auch nicht verzichten, wenn Sie etwas lernen, was nicht direkt Ihrem beruflichen Aufstieg dient. Hier können Weiterbildungskosten geltend gemacht werden. Das sind alle Aufwendungen für die Weiterbildung in einem nicht ausgeübten Beruf. So kann auch der Maurer, der Spanisch lernen möchte, die Kursgebühren von der Steuer absetzen – allerdings nicht in unbegrenzter Höhe. Bis zu 900 Mark pro Jahr können Sie als sogenannte Sonderausgaben geltend machen, wenn der Kurs an Ihrem Ort stattfindet, bis zu 1200 Mark, wenn Sie auswärtig untergebracht sind. Auch hier gilt: Sammeln Sie am besten alle Quittungen, zum Beispiel über Kursgebühren oder Lehrbücher, um die Ausgaben später auch tatsächlich nachweisen zu können. Nicht von der Steuer absetzbar sind Kurse, die lediglich Ihrer Allgemeinbildung dienen, also zum Beispiel politische Seminare oder Hobbykurse.

d) Ausbildungskosten

Wie der Name bereits sagt, enthalten Ausbildungskosten alle Aufwendungen, die mit einer Berufsausbildung, also mit dem Erlernen eines Berufes, zusammenhängen. Dazu gehören unter anderem Aufwendungen für das Nachholen eines Schulabschlusses wie Mittlere Reife oder Abitur, weiterhin Kosten, die aufgrund einer Lehre entstehen, zum Beispiel für Lehrbücher, die Sie sich selbst kaufen. Anerkannt wird vom Finanzamt aber höchstens ein Betrag von derzeit 900 Mark pro Jahr. Bei beruflich bedingter, auswärtiger Unterbringung, wenn also keine Ausbildungsstelle am Wohnort gefunden wurde, steigt dieser Betrag auf 1 200 Mark pro Jahr.

Was bei Sprachreisen zu beachten ist:
Schwierigkeiten machen Finanzämter oft bei der Anerkennung von Kosten für Sprachreisen. Hier muß zum einen genau nachgewiesen werden, daß das Erlernen der Sprache auch wirklich dem beruflichen Fortkommen dient. Zum anderen muß sichergestellt sein, daß der Sprachkurs und nicht das touristische Vergnügen im Vordergrund steht. Probleme bereiten Ihnen Finanzämter sicherlich, wenn Sie versuchen, eine Ferienreise, verbunden mit einem täglichen dreistündigen Sprachkurs, in unbegrenzter Höhe als Fortbildungskosten abzusetzen. Sie können zwar die Ausgaben für die Unterrichtsstunden und für eventuell notwendige Lehrbücher als Werbungskosten geltend machen, nicht aber die Reisekosten selbst. Die Finanzämter gehen erst dann von der vollen steuerlichen Abzugsfähigkeit aus, wenn klar zu erkennen ist, daß das Erlernen der Sprache im Vordergrund steht. Das ist dann der Fall, wenn der Sprachkurs an fünf Tagen in der Woche stattfindet und mindestens sechs Stunden pro Tag dauert. Nachweisen können Sie dies durch eine detaillierte Beschreibung des Sprachreiseveranstalters und durch eine Teilnahmebestätigung, aus der die absolvierte Stundenzahl hervorgeht und auch, um welchen Kurs, etwa einen Intensivsprachkurs, es sich handelte. Kleinlich zeigt sich mancher Finanzbeamte, wenn es sich um Sprachreisen an einen beliebten Urlaubsort handelt. Mit dem Versuch, einen Italienischkurs in Venedig oder einen Spanischkurs direkt am Meer steuerlich geltend zu machen, könnten Sie Schwierigkei-

ten bekommen, weil so mancher Beamte unterstellt, es könnte sich eben doch um eine »versteckte« Ferienreise handeln.

Hilfreich ist es auf alle Fälle bei Sprachkursen – und das gilt auch für Kurse, die in Ihrem Wohnort stattfinden –, wenn Sie eine Bestätigung Ihres Arbeitgebers beibringen können, aus der hervorgeht, daß die Erweiterung Ihrer Sprachkenntnisse für den Betrieb notwendig ist.

Detaillierte Auskünfte darüber, was Sie an Aufwendungen absetzen können, erteilt Ihr zuständiges Finanzamt.

3. Bundesausbildungsförderungsgesetz (BAFöG)

Entschließen Sie sich zum Besuch einer weiterführenden Schule oder einer Universität, kann Ihnen unter gewissen Voraussetzungen Ausbildungsförderung gewährt werden. Die Bestimmungen des BAFöG gelten, wenn auch mit einigen Übergangsverordnungen, insbesondere was die Höhe der Leistungen betrifft, seit 1. Januar 1991 auch für die neuen Bundesländer.

Das Bundesausbildungsförderungsgesetz ist derart umfangreich, daß hier nur die wichtigsten Punkte wiedergegeben werden können. Ob Sie persönlich die Voraussetzungen für eine Förderung erfüllen, erfahren Sie bei dem für Sie zuständigen Amt für Ausbildungsförderung, das den Studentenwerken der Universitäten angegliedert ist. Dort liegt auch ein Verzeichnis der im jeweiligen Bundesland förderungsfähigen Ausbildungsstätten vor.

Ziel der Förderung ist der Abbau der Chancenungleichheit, das heißt, es sollen auch diejenigen in den Genuß einer berufsqualifizierenden Ausbildung beziehungsweise eines Studiums gelangen, die normalerweise auch über ihre Angehörigen (Eltern oder Ehegatten) finanziell nicht in der Lage sind, für eine angemessene Erstausbildung zu sorgen.

Gefördert werden kann unter anderem laut Berufsausbildungsförderungsgesetz der Besuch von:

a. weiterführenden, allgemeinbildenden Schulen und Berufsfachschulen einschließlich der Klassen aller Formen der beruflichen Grundbildung ab Klasse zehn sowie von Fach- und Fachoberschulklassen, deren Besuch eine abgeschlossene Berufsausbildung nicht voraussetzt, wenn der Auszubildende nicht bei seinen Eltern wohnt und
   - von der Wohnung der Eltern aus eine entsprechende zumutbare Ausbildungsstätte nicht erreicht werden kann, das heißt, wenn er auswärts wohnen muß,
   - einen eigenen Haushalt führt und verheiratet ist oder war,
   - einen eigenen Haushalt führt und mit mindestens einem Kind zusammenlebt.
b. Berufsfachschulklassen und Fachschulklassen, deren Besuch eine abgeschlossene Berufsausbildung nicht voraussetzt, ab Klasse elf, sofern sie in einem zumindest zweijährigen Bildungsgang einen berufsqualifizierenden Abschluß vermitteln,
c. Fach- und Fachoberschulklassen, deren Besuch eine abgeschlossene Berufsausbildung voraussetzt,
d. Abendhauptschulen, Berufsaufbauschulen, Abendrealschulen, Abendgymnasien und Kollegs,
e. Höheren Fachschulen und Akademien,
f. Hochschulen.

Ausbildungsförderung wird auch weitergezahlt, wenn Sie an einem Praktikum teilnehmen, sofern es zu einer förderungsfähigen Ausbildung gehört und außerhalb der Ausbildungsstätte abgeleistet wird. Wer durch zugelassenen Fernkurs einen Schulabschluß, zum Beispiel das Abitur, nachholt oder studiert, zum Beispiel an der Fernuniversität Hagen, kann ebenfalls in den Genuß von BAFöG kommen. Dies gilt allerdings nur für die »Endphase« der Prüfungsvorbereitungen, das heißt ab höchstens ein Jahr vor Ablegen der Prüfung. Voraussetzungen für die Förderung sind, daß Sie mindestens sechs Monate vor Beginn der Ausbildungsförderung erfolgreich an einem Fernlehrgang teilgenommen haben und daß Sie Ihrem Beruf wegen der Prüfungsvorbereitungen nicht mehr nachgehen können.

In der Regel dürfen Sie bei Ausbildungsbeginn nicht älter als dreißig Jahre sein. Es gibt jedoch eine ganze Reihe von Ausnahmen, wenn Sie aus bestimmten Gründen daran gehindert waren, Ihre Ausbildung früher zu beginnen, so:
– wenn Sie die Zugangsvoraussetzungen für eine Fachoberschulklasse, eine Abendhauptschule, eine Berufsaufbauschule, eine Abendrealschule, ein Abendgymnasium, ein Kolleg oder eine Zugangsprüfung zu einer Hochschule erworben haben und danach unverzüglich den nächsten Ausbildungsabschnitt, also die nächsthöhere Ausbildung, beginnen;
– wenn Sie aus persönlichen oder familiären Gründen, insbesondere wegen der Kindererziehung, daran gehindert waren, den Ausbildungsabschnitt rechtzeitig zu beginnen;
– wenn Sie infolge einer einschneidenden Veränderung Ihrer persönlichen Verhältnisse bedürftig geworden sind und noch keine Ausbildung, die nach dem BAFöG gefördert werden kann, berufsqualifizierend abgeschlossen haben.

Elternunabhängig (das heißt, das Einkommen Ihrer Eltern wird als Bemessungsgrundlage nicht gerechnet, wohl aber natürlich Ihr Einkommen, aber auch das Ihres Ehepartners) werden Sie dann gefördert, wenn Sie
– ein Abendgymnasium oder ein Kolleg besuchen;
– bei Beginn der Ausbildung das dreißigste Lebensjahr vollendet haben;

- bei Beginn des Ausbildungsabschnitts nach Vollendung des achtzehnten Lebensjahres mindestens fünf Jahre lang erwerbstätig waren;
- bei Beginn des Ausbildungsabschnitts nach Abschluß einer vorhergehenden, zumindest dreijährigen berufsqualifizierenden Ausbildung drei Jahre oder im Falle einer kürzeren Ausbildung entsprechend länger erwerbstätig waren.

Das Geld, das Sie erhalten, wird zur einen Hälfte als Zuschuß, zur anderen als zinsloses Darlehen gewährt, daß Sie eine gewisse Zeit nach Ausbildungsende in Raten zurückzahlen müssen. Ihr Zahlungsbetrag kann sich erheblich reduzieren, und zwar bei pauschaler Rückzahlung und wenn Sie zu den besten dreißig Prozent Ihres Lehrgangs gehören.

Nähere Auskünfte erhalten Sie beim Amt für Ausbildungsförderung. Welches Amt für Sie zuständig ist, erfahren Sie an Ihrer nächstgelegenen Universität.

4. Berufsförderungsdienste der Bundeswehr (BFD)

Im Soldatenversorgungsgesetz ist die Versorgung der Soldaten auf Zeit geregelt, also der Soldaten, die länger dienen, als es die Wehrpflicht vorsieht. Ein Kernstück der Versorgungsleistungen ist die Berufsförderung. Ziel dieser Berufsförderung ist es, daß das Soldatsein auf Zeit später nicht zum »Aus« auf dem Arbeitsmarkt führt. Bereits während des Dienstverhältnisses können Soldaten außerhalb der Dienststunden auf freiwilliger Basis an beruflicher Fortbildung teilnehmen.

Die eigentliche Aus- und Weiterbildung für den Zivilberuf, die Fachausbildung, findet grundsätzlich nach der Wehrdienstzeit statt. Hier werden zwar auch Umschulungen gefördert. In erster Linie geht es aber um die Weiterbildung, die einen Auf-

stieg oder eine Spezialisierung im Beruf ermöglichen soll. Je nach Länge der Wehrdienstzeit umfaßt diese Förderung:
- die Beratung der Soldaten in beruflichen Fragen,
- berufliche Fortbildung während der Wehrdienstzeit,
- allgemeinberuflichen Unterricht am Ende der Wehrdienstzeit,
- berufliche Förderung nach der Wehrdienstzeit (Fachausbildung),
- Hilfen bei der Eingliederung in das zivile Berufsleben,
- berufliche Rehabilitation gesundheitsgeschädigter Soldaten.

Je länger die Dienstzeit ist, desto länger wird nach Verlassen der Bundeswehr eine Fachausbildung finanziert. Das kann von sechs Monaten bis hin zu fünf Jahren im Anschluß an die Dienstzeit reichen.

Möglich ist aber bereits während der aktiven Zeit bei der Bundeswehr der Besuch von berufsbildenden Maßnahmen wie
- fachberufliche Arbeitsgemeinschaften des Berufsförderungsdienstes,
- Fachkurse bei Bildungseinrichtungen außerhalb der Bundeswehr (und zwar bei solchen öffentlichen und privaten Bildungseinrichtungen, die auch sonst Aus- und Weiterbildung für den Zivilberuf vermitteln, zum Beispiel Industrie- und Handelskammern, Handwerkskammern),
- Fachvorträge,
- Fernunterricht oder
- Fernstudiengänge, wenn die entsprechenden schulischen Voraussetzungen vorliegen.

Die Wahl des Bildungszieles steht Soldaten faktisch frei – allerdings achten die Berufsförderungsdienste, die für die Beratung der Soldaten zuständig sind, darauf, daß der von Ihnen angestrebte Beruf auch Ihrer Eignung und Neigung entspricht und daß er eine gesicherte Existenzgrundlage bietet.

Die Berufsförderungsdienste der Bundeswehr sind bestimmten

Kreiswehrersatzämtern zugeordnet. Wer für Sie zuständig ist, erfahren Sie bei Ihrem Kreiswehrersatzamt.

5. Begabtenförderung Berufliche Bildung

Seit 1990 können nicht nur Studenten, sondern auch begabte junge Berufstätige in den Genuß einer finanziellen Förderung für berufsbegleitende Weiterbildung kommen, zum Beispiel für einen Sprachkurs oder einen Lehrgang in neuester Technologie oder Arbeitstechnik. Damit will das Bundesbildungsministerium mehr Gleichwertigkeit von beruflicher und allgemeiner Bildung erreichen. Die Kammern (vor allem Industrie- und Handelskammern und Handwerkskammern) wählen die Kandidaten, die aus allen Berufen kommen können, unter den besten Absolventen einer betrieblichen Berufsausbildung aus. Die erhalten dann vier Jahre lang je 3000 Mark jährlich für berufsbegleitende Lehrgänge, die dem Fortkommen dienen. Ist ein Auslandsaufenthalt geplant, kann der Betrag unter Umständen auch höher sein.
Auskünfte erhalten Sie bei den Kammern. Sie können aber auch vorab eine Informationsbroschüre mit dem Titel »Begabtenförderung Berufliche Bildung« anfordern. Sie ist erhältlich beim:
Bundesministerium für
Bildung und Wissenschaft
Referat für Öffentlichkeitsarbeit
Postfach 200108
5300 Bonn 2

6. Begabtenförderungswerke

Begabtenförderungswerke haben eines gemeinsam: Sie fördern wissenschaftlichen Nachwuchs, der ausgezeichnete Studienleistungen vorweisen kann oder erwarten läßt. Und: Sie erwarten Engagement in politischen, sozialen oder gemeinnützigen Einrichtungen oder Organisationen – vor allem natürlich in solchen Einrichtungen, die ihrer politischen oder gesellschaftlichen Richtung am nächsten kommen. Das können Parteien und deren Jugendorganisationen, aber auch kirchliche oder studentische Gruppen sein.

Bezuschußt werden können der Lebensunterhalt während des Studiums (soweit Sie keine andere Förderung, etwa BAFöG, erhalten), ein monatliches Büchergeld und eventuell ein begrenzter Auslandsaufenthalt während des Studiums oder ein Gesamtstudium in einem anderen Land.

Ein wichtiges Ziel der Begabtenförderungswerke ist auch die sogenannte studienbegleitende »ideelle« Förderung. Dies bedeutet, daß die Stiftungen regelmäßig Seminare, Veranstaltungen und Tagungen durchführen. Dies können Veranstaltungen zu aktuellen und grundsätzlichen politischen Themen sein, gleichfalls zu fachlichen und berufspraktischen Fragen. Zudem finden regionale und lokale Informations- und Kontaktseminare statt. Von denjenigen, die von einem Begabtenförderungswerk unterstützt werden, wird die regelmäßige Teilnahme an derartigen Angeboten erwartet.

Bevor über die Förderung entschieden wird, werden in der Regel ein Lebenslauf, beglaubigte Zeugniskopien, benotete Scheine und zwei Gutachten von Professoren, die Auskunft über die wissenschaftliche Qualität des Bewerbers geben können, und eine Schilderung der wirtschaftlichen Situation verlangt, von Doktoranden zusätzlich eine ausführliche Begründung, warum das jeweilige Thema gewählt wurde, und ein präziser Arbeits- und Zeitplan – der im übrigen auch eingehalten werden sollte.

Auch wenn Sie dies alles nachweisen können, heißt das noch nicht, daß Sie auch tatsächlich eine Förderung erhalten. Denn was »aktive Arbeit in gemeinnützigen Einrichtungen oder Organisationen« bedeutet, ob Ihr Engagement auch wirklich zählt, entscheidet letztendlich die Stiftung selbst. Ein Rechtsanspruch auf eine Förderung besteht ebensowenig wie eine Auskunftspflicht der Stiftung, warum Sie nicht genommen wurden.

Trotzdem, hier gilt wie überall: Wenn Sie glauben, die fachlichen Qualifikationen zu besitzen, und wenn Sie zudem glauben, daß Sie sich mit den Zielen der Stiftung identifizieren können und dies auch durch aktive Arbeit nachweisen – probieren kostet nichts (außer ein bißchen Arbeit und das Geld für Porto und Fotokopien).

Genaue Informationen über die Begabtenförderung erhalten Sie bei folgenden Stiftungen:

Friedrich-Ebert-Stiftung (SPD-nah)
Abteilung: Studienförderung
Godesberger Allee 149
W – 5300 Bonn 2

Konrad-Adenauer-Stiftung (CDU-nah)
Rathausallee 12
W – 5205 St. Augustin 1

Friedrich-Naumann-Stiftung (FDP-nah)
Im Doll 6
W – 1000 Berlin 33

Hanns-Seidel-Stiftung (CSU-nah)
Lazarettstraße 33
W – 8000 München 19

Casanus-Werk (Katholische Kirche)
Bischöfliche Studienförderung
Baumschulallee 5
W – 5300 Bonn 2

Evangelisches Studienwerk e. V. (Evangelische Kirche)
Haus Villigst
W – 5840 Schwerte 5

Hans-Böckler-Stiftung (Deutscher Gewerkschaftsbund)
Bertha-von-Suttner-Platz 3
W – 4000 Düsseldorf 1

Studienstiftung des Deutschen Volkes
Mirbachstr. 7
W – 5300 Bonn 2

7. Bildungsurlaub

Vielleicht haben Sie bei so manch einem Weiterbildungsangebot, zum Beispiel bei einem Fremdsprachenkurs oder einem Politikseminar, schon die Anmerkung gelesen »Als Bildungsurlaub anerkannt«. Hierbei handelt es sich um Kurse, deren Qualität je nach Bundesland vom Sozial- oder vom Bildungsministerium auf ihre Qualität hin geprüft wurden und die ein entsprechendes Aktenzeichen tragen.
In den Genuß eines gesetzlichen Bildungsurlaubes, der zusätzlich zum Erholungsurlaub gewährt wird und der in der Regel fünf Tage pro Kalenderjahr beträgt, kommen Arbeitnehmer und Arbeitnehmerinnen allerdings nicht in allen Bundesländern.
Anspruch auf Bildungsurlaub gibt es nur in
– Berlin

- Bremen
- Hamburg
- Hessen
- Niedersachsen
- Nordrhein-Westfalen
- Saarland
- Sachsen-Anhalt
- Schleswig-Holstein.

Beanspruchen Sie Bildungsurlaub, müssen Sie zwar die Kosten für die Weiterbildung selbst tragen. Der Arbeitgeber aber ist zur Lohnfortzahlung verpflichtet, und zwar in ungekürzter Höhe.

Folgendes müssen Sie beim Bildungsurlaub beachten:

1. Sie müssen mindestens sechs Monate bei Ihrer Firma beschäftigt sein.
2. Sie müssen den Arbeitgeber rechtzeitig informieren, daß Sie Ihren Bildungsurlaub nehmen möchten. Rechtzeitig heißt mindestens sechs Wochen, bevor der Kurs beginnt, und
3. der Bildungsurlaub muß vom zuständigen Ministerium anerkannt sein. Dies zeigt ein entsprechendes Aktenzeichen, das Sie möglichst auch dem Arbeitgeber mitteilen sollten, und zwar bereits dann, wenn Sie Ihren Bildungsurlaub beantragen.

Der Arbeitgeber kann Ihnen unter bestimmten Umständen allerdings Ihren Bildungsurlaub verweigern. Zu den Gründen hierfür gehören:

- unaufschiebbarer, besonderer Arbeitsanfall,
- eine Vertretung fehlt, die für einen ordnungsgemäßen Betriebsablauf erforderlich ist, oder
- der Urlaubswunsch eines anderen Mitarbeiters oder einer anderen Mitarbeiterin geht vor.

Sie können dann aber Ihren Bildungsurlaub nochmals für einen später angebotenen Kurs beantragen. Teilweise ist es auch

möglich, den Bildungsurlaub aufs nächste Jahr übertragen zu lassen, so daß Sie dann insgesamt zwei Wochen freigestellt werden. Dies sollten Sie allerdings rechtzeitig mit dem Arbeitgeber vereinbaren – und zwar schriftlich.
Auskünfte über den Bildungsurlaub kann Ihnen zum Beispiel Ihr Betriebsrat, Ihre zuständige Gewerkschaft oder das entsprechende Ministerium geben.

8. Stiftungen

Gut fünfeinhalbtausend Stiftungen hat das Stiftungszentrum im Stifterverband für die Deutsche Wissenschaft in den alten Bundesländern gezählt. Stiftungen können sowohl von öffentlicher Hand als auch von Privatpersonen ins Leben gerufen werden. Außerdem gibt es kirchliche und kommunale Stiftungen, Universitätsstiftungen, Fördergesellschaften der Universitäten und Hochschulen sowie Firmenstipendien.
Für wissenschaftliche Zwecke werden von Stiftungen im Durchschnitt rund dreißig Prozent, für Erziehung und Bildung knapp vierundzwanzig Prozent und für Kunst und Kultur sechseinhalb Prozent ausgegeben.
Das Fachspektrum reicht dabei von Medizin und Biologie, Natur und Technik über Geisteswissenschaften bis hin zu Wirtschafts-, Sozial- und Gesellschaftswissenschaften. Gefördert werden nicht nur Universitätsstudenten, sondern auch Berufstätige, zum Beispiel diejenigen, die eine Fort- oder Weiterbildung in bestimmten Bereichen planen.
Sollten Sie an einem Stipendium oder an einer kurzfristigen Förderung in einer speziellen Fort- oder Weiterbildungsphase interessiert sein und ist Ihnen der Name der Stiftung bereits bekannt, bitten Sie schriftlich um Informationsmaterial beziehungsweise um die Bewerbungsunterlagen.

Die vierhundertzwanzig größten Stiftungen mit zusammen etwa neun Milliarden Mark Vermögen und eineinhalb Milliarden Mark Ausgaben sind zudem im Stiftungshandbuch, herausgegeben vom »Stiftungszentrum im Stifterverband für die deutsche Wissenschaft«, erschienen im Nomos-Verlag Baden-Baden, aufgeführt. Enthalten ist der Satzungszweck der Stiftung, das Vermögen, die Einnahmen und die Ausgaben nach Förderungsschwerpunkten und die Adressen der Stiftungen.

Ob jemand in den Genuß einer Förderung kommt, entscheidet natürlich letztendlich die Stiftung selbst. Einen Rechtsanspruch, wie etwa bei der Berufsausbildungsförderung, gibt es ebensowenig wie allgemein gültige Förderungskriterien.

Trotzdem: Probieren – in diesem Fall bewerben – geht auch hier über Studieren. Schreiben Sie also die Stiftungen an, wenn Sie glauben, daß der Stiftungszweck Ihrem Vorhaben entgegenkommt.

Adressen von Industrie- und Handelskammern

IHK Aachen
Theaterstr. 6-10
5100 Aachen
Tel.: (0241) 4380

IHK für das südöstliche Westfalen,
Arnsberg
Königstr. 18-20
5760 Arnsberg 2
Tel.: (02931) 8780

IHK Aschaffenburg
Kerschensteinerstr. 9
8750 Aschaffenburg
Tel.: (06021) 880-0

IHK für Augsburg und Schwaben
Stettenstr. 1 + 3
8900 Augsburg 1
Tel.: (0821) 3162-0

IHK für Oberfranken Bayreuth
Bahnhofstr. 25-27
8580 Bayreuth
Tel.: (0921) 886-0

IHK zu Berlin
Hardenbergstr. 16-18
1000 Berlin 12
Tel.: (030) 31510-0

IHK Ostwestfalen, Bielefeld
Elsa-Brändström-Str. 1-3
4800 Bielefeld 1
Tel.: (0521) 554-0

IHK Bochum
Ostring 30-32
4630 Bochum 1
Tel.: (0234) 68901-0

IHK Bonn
Bonner Talweg 17
5300 Bonn 1
Tel.: (0228) 2284-0

IHK Braunschweig
Brabandtstr. 11
3300 Braunschweig
Tel.: (0531) 4715-0

Handelskammer Bremen
Am Markt 13
2800 Bremen 1
Tel.: (0421) 3637-0

IHK Bremerhaven
Friedrich-Ebert-Str. 6
2850 Bremerhaven 1
Tel.: (0471) 20111

IHK Südwestsachsen-Erzgebirge-Vogtland
Straße der Nationen 25
O – 9010 Chemnitz
Tel.: 75465

IHK zu Coburg
Schloßplatz 5
8630 Coburg
Tel.: (09561) 7426-0

IHK Cottbus
Sandower Weg 23
O – 7500 Cottbus
Tel.: 24841-43

IHK Darmstadt
Rheinstr. 89
6100 Darmstadt
Tel.: (06151) 871-0

IHK Lippe, Detmold
Willi-Hofmann-Str. 5
4930 Detmold 1
Tel.: (05231) 7601-0

IHK zu Dillenburg
Wilhelmstr. 10
6340 Dillenburg
Tel.: (02771) 905-0

IHK zu Dortmund
Märkische Str. 120
4600 Dortmund 1
Tel.: (0231) 5417-0

IHK Dresden
August-Bebel-Str. 48
O – 8020 Dresden
Tel.: 4719547

IHK zu Düsseldorf
Ernst-Schneider-Platz 1
4000 Düsseldorf 1
Tel.: (0211) 3557-0

Niederrheinische IHK
Duisburg-Wesel-Kleve zu Duisburg
Mercatorstr. 22-24
4100 Duisburg 1
Tel.: (0203) 2821-0

IHK für Ostfriesland und Papenburg
Ringstr. 4
2970 Emden
Tel.: (04921) 8901-0

IHK Erfurt
Friedrich-List-Str. 36
O – 5080 Erfurt
Tel.: (3456) 381-342

IHK für Essen,
Mülheim a.d. Ruhr, Oberhausen, Essen
Am Waldthausenpark 2
4300 Essen 1
Tel.: (0201) 1892-0

IHK Flensburg
Heinrichstr. 34
2390 Flensburg
Tel.: (0461) 806-0

IHK Frankfurt am Main
Börsenpl. 4
6000 Frankfurt a.M. 1
Tel.: (069) 21970

IHK Frankfurt/Oder
Humboldtstr. 3
O – 1200 Frankfurt/O.
Tel.: 31 13 12

IHK Südlicher Oberrhein
Wilhelmstr. 26
7800 Freiburg
Tel.: (0761) 36898-0

IHK Friedberg
Goetheplatz 3
6360 Friedberg
Tel.: (06031) 609-0

IHK Fulda
Heinrichstr. 8
6400 Fulda
Tel.: (0661) 284-0

IHK Ostthüringen, Gera
Feuerbachstr. 9
O – 6500 Gera
Tel.: 5 15 13

IHK Gießen
Lonystr. 7
6300 Gießen 11
Tel.: (0641) 7954-0

Südwestfälische IHK zu Hagen
Bahnhofstr. 18
5800 Hagen 1
Tel.: (02331) 390-0

IHK Halle-Dessau
Georg-Schumann-Platz 5
O – 4020 Halle
Tel.: 28292

Handelskammer Hamburg
Börse
2000 Hamburg 11
Tel.: (040) 361380

IHK Hanau-Geinhausen-Schlüchtern
Am Pedro-Jung-Park 14
6450 Hanau 1
Tel.: (06181) 24387-88

IHK Hannover-Hildesheim
Schiffgraben 49
3000 Hannover 1
Tel.: (0511) 3107-0

IHK Ostwürttemberg
Ludwig-Erhard-Str. 1
7920 Heidenheim
Tel.: (07321) 324-0

IHK Heilbronn
Rosenbergstr. 8
7100 Heilbronn
Tel.: (07131) 6216-0

IHK Karlsruhe
Lammstr. 13-17
7500 Karlsruhe
Tel.: (0721) 174-0

IHK Kassel
Kurfürstenstr. 9
3500 Kassel
Tel.: (0561) 7891-0

IHK Kiel
Korentzendamm 24
2300 Kiel 1
Tel.: (0431) 5194-0

IHK Koblenz
Schloßstr. 2
5400 Koblenz
Tel.: (0261) 106-0

IHK Köln
Unter Sachsenhausen 10-26
5000 Köln 1
Tel.: (0221) 1640-0

IHK Hochrhein-Bodensee
Schützenstr. 8
7750 Konstanz
Tel.: (07531) 2860-0

IHK Mittlerer Niederrhein
Krefeld-Mönchengladbach-Neuss
Nordwall 39
4150 Krefeld 1
Tel.: (02151) 635-0

IHK Leipzig
Friedrich-Engels-Platz 5
O – 7010 Leipzig
Tel.: 71530

IHK Limburg
Walderdorffstr. 7
6250 Limburg
Tel.: (06431) 8019

IHK Lindau-Bodensee
Maximilianstr. 1
8990 Lindau
Tel.: (08382) 4094, 4095

IHK für die Pfalz
in Ludwigshafen am Rhein
Ludwigsplatz 2-3
6700 Ludwigshafen
Tel.: (0621) 5904-0

IHK zu Lübeck
Breite Str. 6-8
2400 Lübeck 1
Tel.: (0451) 135-0

IHK Lüneburg-Wolfsburg
Am Sande 1
2120 Lüneburg
Tel.: (04131) 709-0

IHK Magdeburg
Alter Markt 8
O – 3010 Magdeburg
Tel.: 33951

IHK für Rheinhessen
Schillerplatz 7
6500 Mainz 1
Tel.: (06131) 262-0

IHK Rhein-Neckar
L 1,2
6800 Mannheim 1
Tel.: (0621) 1709-0

IHK für München und Oberbayern
Max-Joseph-Str. 2
8000 München 2
Tel.: (089) 5116-0

IHK zu Münster
Sentmaringer Weg 61
4400 Münster
Tel.: (0251) 707-0

IHK Neubrandenburg
Katharinenstr. 48
O – 2000 Neubrandenburg
Tel.: 411-01, -02, -48

IHK Nürnberg
Hauptmarkt 25-27
8500 Nürnberg 106
Tel.: (0911) 1335-0

IHK Offenbach am Main
Stadthof 5
6050 Offenbach
Tel.: (069) 8207-0

Oldenburgische IHK
Moslestr. 6
2900 Oldenburg
Tel.: (0441) 2220-0

IHK Osnabrück-Emsland
Neuer Graben 38
4500 Osnabrück
Tel.: (0541) 353-0

IHK für Niederbayern in Passau
Nibelungenstr. 15
8390 Passau
Tel.: (0851) 507-0

IHK Nordschwarzwald
Dr.-Brandenburg-Str. 6
7530 Pforzheim
Tel.: (07231) 201-0

IHK Potsdam
Große Weinmeisterstr. 59
O – 1561 Potsdam
Tel.: 21591

IHK Regensburg
Dr.-Martin-Luther-Str. 12
8400 Regensburg 11
Tel.: (0941) 5694-1

IHK Reutlingen
Hindenburgstr. 54
7410 Reutlingen
Tel.: (07121) 2010

IHK Rostock
Ernst-Barlach-Str. 7
O – 2500 Rostock
Tel.: 37501

IHK des Saarlandes
Frantz-Josef-Röder-Str. 9
6600 Saarbrücken 1
Tel.: (0681) 9520-0

IHK Schwerin
Schloßstr. 6-8
O – 2751 Schwerin
Tel.: 5789-22, -23

IHK Siegen
Koblenzer Str. 121
5900 Siegen 1
Tel.: (0271) 330237

IHK Stade für den Elbe-Weser-Raum
Am Schäferstieg 2
2160 Stade
Tel.: (04141) 6066-0

IHK Region Stuttgart
Jägerstr. 30
7000 Stuttgart 1
Tel.: (0711) 2005-0

IHK Südthüringen Suhl
Lutz-Meier-Str. 1
O – 6024 Suhl
Tel.: 22290

IHK Trier
Kornmarkt 6
5500 Trier
Tel.: (0651) 7103-0

IHK Ulm
Olgastr. 101
7900 Ulm
Tel.: (0731) 173-0

IHK Schwarzwald-Baar-Heuberg
Romäusring 4
7730 Vill-Schwenningen
Tel.: (07721) 204-0

IHK Bodensee-Oberschwaben
Lindenstr. 2
7987 Weingarten
Tel.: (0751) 409-0

IHK Wetzlar
Friedenstr. 2
6330 Wetzlar
Tel.: (06441) 4008-0

IHK Wiesbaden
Wilhelmstr. 24-26
6200 Wiesbaden
Tel.: (0611) 1500-0

IHK Würzburg-Schweinfurt
Mainaustr. 33
8700 Würzburg 11
Tel.: (0931) 4194-0

IHK Wuppertal-Solingen-Remscheid
Heinrich-Kamp-Platz 2
5600 Wuppertal 1
Tel.: (0202) 2490-0

Adressen von Handwerkskammern

Handwerkskammer Aachen
Sandkaulbach 21
5100 Aachen
Tel.: (0241) 471-0

Handwerkskammer Arnsberg
Brückenplatz 1
5760 Arnsberg 2
Tel.: (02931) 877-0

Handwerkskammer für Schwaben
Schmiedberg 4
8900 Augsburg 1
Tel.: (0821) 3259-0

Handwerkskammer für Ostfriesland
Straße des Handwerks 2
2960 Aurich
Tel.: (04941) 1797-0

Handwerkskammer für Oberfranken
Kerschensteinerstr. 7
8580 Bayreuth 1
Tel.: (0921) 910-0

Handwerkskammer Berlin
Blücherstr. 68
1000 Berlin 61
Tel.: (030) 25903-01

Handwerkskammer Ostwestfalen-Lippe, Bielefeld
Obernstr. 48
4800 Bielefeld 1
Tel.: (0521) 52097-0

Handwerkskammer Braunschweig
Burgplatz 2
3300 Braunschweig
Tel.: (0531) 48013-0

Handwerkskammer Bremen
Ansgaritorstr. 24
2800 Bremen 1
Tel.: (0421) 30500-0

Handwerkskammer Chemnitz
Aue 13
O – 9001 Chemnitz
Tel.: 34944

Handwerkskammer Coburg
Hinterer Floßanger 6
8630 Coburg
Tel.: (09561) 68041

Handwerkskammer Cottbus
Lausitzer Str. 1-7
O – 7500 Cottbus
Tel.: 22031

Handwerkskammer Rhein-Main
Hauptverwaltung Darmstadt
Hindenburgstr. 1
6100 Darmstadt
Tel.: (06151) 3007-0

Handwerkskammer Dortmund
Reinoldistr. 7-9
4600 Dortmund 1
Tel.: (0231) 5493-0

Handwerkskammer Dresden
Wiener Str. 43
O – 8020 Dresden
Tel.: 475981

Handwerkskammer Düsseldorf
Georg-Schulhoff-Platz 1
4000 Düsseldorf 1
Tel.: (0211) 8795-0

Handwerkskammer Erfurt
Fischmarkt 13
O – 5020 Erfurt
Tel.: 63067

Handwerkskammer Flensburg
Johanniskirchhof 1
2390 Flensburg
Tel.: (0461) 866-0

Handwerkskammer Rhein-Main
Hauptverwaltung Frankfurt
Bockenheimer Landstr. 21
6000 Frankfurt a. M. 1
Tel.: (069) 710001-0

Handwerkskammer Frankfurt/Oder
Bahnhofstr. 12
O – 1200 Frankfurt/O.
Tel.: 23665

Handwerkskammer Freiburg
Bismarckallee 6
7800 Freiburg
Tel.: (0761) 218000

Handwerkskammer Ostthüringen
Handwerksstr. 5
O – 6500 Gera
Tel.: 51003

Handwerkskammer Halle/Saale
Graefestr. 24
O – 4020 Halle
Tel.: 37261

Handwerkskammer Hamburg
Holstenwall 12
2000 Hamburg 36
Tel.: (040) 35905-1

Handwerkskammer Hannover
Berliner Allee 17
3000 Hannover 1
Tel.: (0511) 34859-0

Handwerkskammer Heilbronn
Allee 76
7100 Heilbronn
Tel.: (07131) 6231-0

Handwerkskammer Hildesheim
Braunschweiger Str. 53
3200 Hildesheim
Tel.: (05121) 162-0

Handwerkskammer der Pfalz
Am Altenhof 15
6750 Kaiserslautern
Tel.: (0631) 8401-0

Handwerkskammer Karlsruhe
Friedrichsplatz 4-5
7500 Karlsruhe 1
Tel.: (0721) 164-0

Handwerkskammer Kassel
Scheidemannplatz 2
3500 Kassel
Tel.: (0561) 7888-0

Handwerkskammer Koblenz
Friedrich-Ebert-Ring 33
5400 Koblenz
Tel.: (0261) 2022-1

Handwerkskammer Konstanz
Webersteig 3
7750 Konstanz
Tel.: (07531) 205-0

Handwerkskammer zu Leipzig
Lessingstr. 7
O – 7010 Leipzig
Tel.: 7691

Handwerkskammer Lübeck
Breite Str. 10-12
2400 Lübeck 1
Tel.: (0451) 1506-0

Handwerkskammer Lüneburg-Stade
Friedenstr. 6
2120 Lüneburg
Tel.: (04131) 712-0

Handwerkskammer Magdeburg
Humboldstr. 16
O – 3014 Magdeburg
Tel.: 31855

Handwerkskammer Rheinhessen
Göttelmannstr. 1
6500 Mainz 26
Tel.: (06131) 8302-0

Handwerkskammer Mannheim
B 1.1-2
6800 Mannheim 1
Tel.: (0621) 18002-0

Handwerkskammer für München und Oberbayern
Max-Joseph-Str. 4
8000 München 2
Tel.: (089) 5119-0

Handwerkskammer Münster
Bismarckallee 1
4400 Münster
Tel.: (0251) 5203-0

Handwerkskammer Neubrandenburg
Friedrich-Engels-Ring 11
O – 2000 Neubrandenburg
Tel.: 5131

Handwerkskammer für Mittelfranken
Sulzbacher Str. 11-15
8500 Nürnberg 21
Tel.: (0911) 5309-0

Handwerkskammer Oldenburg
Theaterwall 30-32
2900 Oldenburg
Tel.: (0441) 232-0

Handwerkskammer Osnabrück-Emsland
Bramscher Str. 134-136
4500 Osnabrück
Tel.: (0541) 6929-0

Handwerkskammer Niederbayern-Oberpfalz
Hauptverwaltungssitz Passau
Nikolastr. 10
8390 Passau
Tel.: (0851) 5301-0

Handwerkskammer Potsdam
Wilhelm-Pieck-Str. 34-36
O – 1561 Potsdam
Tel.: 4411

Handwerkskammer Niederbayern-Oberpfalz
Hauptverwaltungssitz Regensburg
Ditthornstr. 10
8400 Regensburg 12
Tel.: (0941) 7965-0

Handwerkskammer Reutlingen
Hindenburgstr. 58
7410 Reutlingen
Tel.: (07121) 2412-0

Handwerkskammer Rostock
August-Bebel-Str. 104
O – 2500 Rostock
Tel.: 36191

Handwerkskammer des Saarlandes
Hohenzollernstr. 47-49
6600 Saarbrücken 1
Tel.: (0681) 5809-0

Handwerkskammer Schwerin
Friedensstr. 4a
O – 2751 Schwerin
Tel.: 5521

Handwerkskammer Lüneburg-Stade
Bezirksstelle Stade
Im Neuwerk 19
2160 Stade
Tel.: (04141) 6062-0

Handwerkskammer Stuttgart
Heilbronner Str. 43
7000 Stuttgart 10
Tel.: (0711) 2594-1 <1657-0>

Handwerkskammer Südthüringen
Rosa-Luxemburg-Str. 9
O – 6000 Suhl
Tel.: 20113

Handwerkskammer Trier
Loebstr. 18
5500 Trier
Tel.: (0651) 207-0

Handwerkskammer Ulm
Olgastr. 72
7900 Ulm
Tel.: (0731) 1425-0

Handwerkskammer Wiesbaden
Bahnhofstr. 63
6200 Wiesbaden
Tel.: (0611) 136-0

Ministerien

Bundesministerium für Bildung
und Wissenschaft
Heinemannstraße 2
5300 Bonn 2
Tel.: (0228) 571

Bundesministerium für Wirtschaft
Villemombler Straße 76
5300 Bonn 1
Tel.: (0228) 6151

Kultusministerien

Baden-Württemberg
Ministerium für Wissenschaft und Kunst
Königstraße 46
7000 Stuttgart 10
Tel.: (0711) 2790

Ministerium für Kultus und Sport
Schloßplatz 4 (neues Schloß)
7000 Stuttgart 10
Tel.: (0711) 2790

Bayern
Bayerisches Staatsministerium für
Unterricht, Kultus, Wissenschaft
und Kunst
Salvatorstraße 2
8000 München
Tel.: (089) 218601

Berlin
Senatsverwaltung für Wissenschaft
und Forschung
Bredtschneiderstraße 5-8
1000 Berlin 19
Tel.: (030) 30320

Senatsverwaltung für Kulturelle
Angelegenheiten
Europa Center
1000 Berlin 30
Tel.: (030) 21230

Senatsverwaltung für Schule,
Berufsbildung und Sport
Bredtschneiderstraße 5-8
1000 Berlin 19
Tel.: (030) 30320

Brandenburg
Ministerium für Wissenschaft,
Forschung und Kultur
Friedrich-Ebert-Straße 4
O – 1560 Potsdam
Tel.: (030) 8011009

Ministerium für Bildung,
Jugend und Sport
Heinrich-Mann-Allee 107
O – 1560 Potsdam
Tel.: (030) 8017014

Bremen
Senator für Bildung, Wissenschaft
und Kunst
Rembertiring 8-12
2800 Bremen 1
Tel.: (0421) 3611

Hamburg
Freie und Hansestadt Hamburg
Behörde für Schule, Jugend und
Berufsbildung
Hamburger Straße 31
2000 Hamburg 76
Tel.: (040) 291881

Freie und Hansestadt Hamburg
Behörde für Wissenschaft und Forschung
Hamburger Straße 37
2000 Hamburg 76
Tel.: (040) 291881

Freie und Hansestadt Hamburg
Kulturbehörde
Hamburger Straße 45
2000 Hamburg 76
Tel.: (040) 291881

Hessen
Hessisches Kultusministerium
Luisenplatz 10
6200 Wiesbaden
Tel.: (0611) 3680

Hessisches Ministerium für
Wissenschaft und Kunst
Rheinstraße 23-25
6200 Wiesbaden
Tel.: (0611) 1650

Mecklenburg-Vorpommern
Kultusministerium des Landes
Mecklenburg-Vorpommern
Werderstraße 124
O – 2750 Schwerin
Tel.: (040) 6551071
            6551085

Niedersachsen
Niedersächsisches Kultusministerium
Am Schiffgraben 12
3000 Hannover
Tel.: (0511) 1201

Niedersächsisches Ministerium
für Wissenschaft und Kultur
Leibniz-Ufer 9
3000 Hannover
Tel.: (0511) 1201

Nordrhein-Westfalen
Kultusministerium Nordrhein-Westfalen
Völklinger Straße 49a
4000 Düsseldorf
Tel.: (0211) 89603

Ministerium für Wissenschaft und
Forschung des Landes Nordrhein-Westfalen
Völklinger Straße 49
4000 Düsseldorf
Tel.: (0211) 89604

Rheinland-Pfalz
Ministerium für Bildung und Kultur
des Landes Rheinland-Pfalz
Mittlere Bleiche 61
6500 Mainz
Tel.: (06131) 161

Ministerium für Wissenschaft
und Weiterbildung des Landes
Rheinland-Pfalz
Mittlere Bleiche 61
6500 Mainz
Tel.: (06131) 161

Saarland
Ministerium für Bildung und Sport
Hohenzollernstraße 60
6600 Saarbrücken
Tel.: (0681) 5031

Ministerium für Wissenschaft und Kultur
Hohenzollernstraße 60
6600 Saarbrücken
Tel.: (0681) 5031

Sachsen
Sächsisches Staatsministerium
für Wissenschaft und Kunst
Archivstraße 1
O – 8060 Dresden
Tel.: 5982560

Sächsisches Staatsministerium
für Kultus
Archivstraße 1
O – 8060 Dresden
Tel.: 5982405

Sachsen-Anhalt
Ministerium für Bildung,
Wissenschaft und Kultur
Breiter Weg 31
O – 3010 Magdeburg
Tel.: 58114

Schleswig-Holstein
Ministerium für Bildung, Wissenschaft,
Jugend und Kultur
Düsternbrooker Weg 64-68
Landeshaus, Nebengebäude A
2300 Kiel
Tel.: (0431) 5961

Thüringen
Thüringer Ministerium für
Wissenschaft und Kunst
Werner-Seelenbinder-Straße 1
O – 5071 Erfurt
Tel.: 3863158/59

Thüringer Kultusministerium
Werner-Seelenbinder-Straße 1
O – 5071 Erfurt
Tel.: 386002

GOLDMANN

Tests und Übungen

Das neue Test-Programm   13586

1001 Bewerbung   13585

Tausend geniale Bewerbungstips   10361

Kopf-Training   10926

Goldmann · Der Taschenbuch-Verlag

GOLDMANN

Bescheid wissen – Recht bekommen

Der große Rechtsberater   13633

BGB   13632

Die neue Rente   13605

Das große Euro-Handbuch   13641

Goldmann · Der Taschenbuch-Verlag

GOLDMANN

Das Mieterlexikon des Deutschen Mieterbundes

Deutscher Mieterbund e.V.
(Hrsg.)

FÜR ALLE BUNDESLÄNDER

Ein Nachschlagewerk
für Fachleute und Laien

Goldmann · Der Taschenbuch-Verlag

AUS DER SCHULE DES POSITIVEN DENKENS

Erhard F. Freitag
Hilfe aus dem Unbewußten
10957

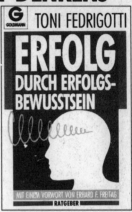

Toni Fedrigotti
Erfolg durch Erfolgsbewußtsein
13505

Erhard F. Freitag
Kraftzentrale Unterbewußtsein
10888

Erhard F. Freitag
Die Macht Ihrer Gedanken
10357

GOLDMANN

ENTGIFTEN – WAS JEDER TUN KANN!

Egmont R. Koch
Umweltschutz zu Hause
10466

Egmont R. Koch u. a.
Entgiften
10485

Maurice Hanssen
E = eßbar?
10416

Margret Uhle
Was kann man überhaupt
noch essen? 10483

GOLDMANN

KREATIVE LEBENSGESTALTUNG MIT HEINZ RYBORZ

Heinz Ryborz
Lebe besser, lebe gern
13509

Heinz Ryborz
Die ›Kunst‹, Ihr Leben zu meistern   10941

Heinz Ryborz
Die ›Kunst‹ zu überzeugen
10963

Heinz Ryborz
Jeder kann es schaffen
10440

GOLDMANN

GOLDMANN

Fit fürs Leben

Fit fürs Leben   13533

Fit for Life – die Bestseller von Harvey und Marilyn Diamond. Über 1 Million verkaufte Exemplare!

Fit fürs Leben   13621

Fit for Live Das Kochbuch   30570

Goldmann · Der Taschenbuch-Verlag

GOLDMANN TASCHENBÜCHER

Fordern Sie das kostenlose Gesamtverzeichnis an!

Literatur · **U**nterhaltung · **B**estseller · **L**yrik
Frauen heute · **T**hriller · **B**iographien
Bücher zu Film und Fernsehen · **K**riminalromane
Science-Fiction · **F**antasy · **A**benteuer · **S**piele-Bücher
Lesespaß zum Jubelpreis · **S**chock · **C**artoon · **H**eiteres
Klassiker mit Erläuterungen · **W**erkausgaben

****

Sachbücher zu Politik, Gesellschaft,
Zeitgeschichte und Geschichte; zu Wissenschaft,
Natur und Psychologie
Ein Siedler Buch bei Goldmann

****

Esoterik · **M**agisch reisen

****

Ratgeber zu Psychologie, Lebenshilfe,
Sexualität und Partnerschaft;
zu Ernährung und für die gesunde Küche
Rechtsratgeber für Beruf und Ausbildung

Goldmann Verlag · Neumarkter Str. 18 · 8000 München 80

Bitte senden Sie mir das neue Gesamtverzeichnis.

Name: _____

Straße: _____

PLZ/Ort: _____